**UX 라이터의
글쓰기 수업**

UX 라이터의 글쓰기 수업

고객 경험을 위한
마이크로카피 라이팅

마이클 J. 메츠, 앤디 웰플 지음

심태은 옮김

유엑스리뷰

마이클

카리나, 엘레나, 일라이어스에게

앤디

케이티와 우리의 덩치 크고 북슬북슬한 아들들에게

이 책을 활용하는 방법

누가 이 책을 읽어야 하는가?

UX 라이터이다. 사용자가 읽는 문구나 상호작용 문구를 작성하는 사람이 이 책을 읽으면 UX 라이팅 과정에 디자인 기법을 적용하는 방법을 이해할 수 있을 것이다. UX 라이터, 디자이너, 콘텐츠 전략가 등 어떠한 직함을 달고 있든 간에 이 책은 효과적인 UX 라이팅에 도움이 될 것이다.

이 책에서는 어떤 내용을 다루는가?

이 책에서는 인터페이스에 쓰이는 문구를 작성하는 여러 가지 방법을 소개한다. 또한 업무에 적용할 수 있는 전략적인 아이디어도 함께 다룬다. 구체적으로는 다음 내용을 배우게 될 것이다.

▸ UX 라이팅으로 디자인을 구성하는 방법
▸ 전략과 리서치에 관해 사고하는 방법
▸ UX 라이팅을 명료하게 하는 방법
▸ 에러 메시지error messages 와 스트레스 케이스stress cases 에 접근하는 방법
▸ 포용성inclusivity 과 접근성accessibility 을 갖춘 UX 라이팅 방법

- ▶ 보이스와 톤의 차이점, 제품의 보이스와 톤을 개발하는 방법
- ▶ 팀과 제대로 협업하는 방법

이 책과 함께 활용할 수 있는 것은?

이 책의 웹사이트(rosenfeldmedia.com/books/writing-is-designing/)에 블로그와 추가 내용이 게시되어 있다. 책에 나온 도표와 기타 그림은 가능한 경우에 크리에이티브 커먼즈 라이선스Creative Commons License에 따라 다운로드하거나 프레젠테이션에 삽입할 수 있다. 이미지는 플리커(URL: www.flickr.com/photos/rosenfeldmedia/sets/)에서 찾을 수 있다.

자주 하는 질문

"UX 라이팅이 디자인이다"라는 말은 어떤 의미인가?

말 그대로이다. 많은 제품 팀에서 UX 라이팅을 나중으로 미룬다. '디자인'을 끝내거나 시각적이고 실험적인 시스템을 만든 다음에야 시작한다. 그래서는 안 된다. UX 라이터는 모든 경험이 개발되는 과정에서 UX 라이팅을 해야 한다. 그리고 이런 UX 라이팅은 반복적이고 연구에 따라 검증되어야 하며 높은 수준의 협업이 필요하다. 이것이 바로 이 책의 주제(1장에서 살펴볼 예정)이며 각 장에서 매번 강조하는 점이다.

UX 라이터만을 위한 책인가?

그렇지 않다. UX 라이팅을 많이 하지 않는 사람이더라도 이 책에서 배울 점은 있다. 이 책은 디자이너, 제품 매니저, 개발자 또는 사용자를 대상으로 UX 라이팅을 하는 모든 사람에게 유용하다. 또한 UX 라이터를 관리하거나 이들과 협업해야 하는 사람에게도 도움이 된다. UX 라이팅에 필요한 것이 무엇이며 제품 디자인과 개발 과정에 어떻게 적용되는지를 이해할 수 있기 때문이다.

그러나 주 업무가 UX 라이팅이라면 8장에서 팀과 협업하는 방법에 관한 여러 아이디어를 볼 수 있을 것이다.

에러 메시지 작성 방법을 알려주는 것인가?

사실상 그렇다! 에러 메시지와 스트레스 케이스는 4장에서 다룬다. 이 책이 그런 방법만 알려주는 서적은 아니다. 그렇지만 실제 UX 라이팅에 나설 수 있도록 메시지 작성에 접근하는 방식, 전략적으로 사고하는 방법, 성공적으로 UX 라이팅을 위한 준비 방법을 설명한다.

보이스와 톤에는 어떤 차이가 있는가?

이 둘은 깊은 연관성이 있지만 매우 다르다! '보이스'는 UX 라이팅에서 변하지 않는 속성으로 기대치, 분위기, 사용자와의 관계를 설정한다. 제품의 개성인 셈이다. '톤'은 맥락에 따라 변한다. 예를 들어 사용자가 제품을 처음 사용하는 경우라면 동기를 유발하는 어조로 UX 라이팅을 할 것이다. 반면에 불만을 느끼는 사용자에게는 도움을 주는 어조를 사용할 것이다. 이 책에서는 톤 프로필을 개발하고 언제 이를 활용해야 하는지에 관한 전략과 접근법을 다루고 있다.

내가 처음으로 웹사이트 카피를 작성한 것은 2006년이다. 당시 고객사
는 이름이 약간 터무니없는 호화 콘도 개발회사였다. 활용할 수 있는 자료
라고는 진부한 와인 관련 비유가 가득한 지면 광고뿐이었다. 그래도 별로
신경 쓰지 않았다. 나는 23살이었고, 생계로 카피를 작성하고 있었다. 여
기에 약간의 혜택도 받았다! 그렇게 자리에 앉아서 쓱쓱 써 내려간 카피는
"보르도 하이츠의 강렬한 맛을 음미하라"였다.

다소 가공된 이야기지만 핵심은 이해했으리라 생각한다. 당시의 카피는
정말 형편없었다.

시간이 지나면서 유용하고 명료하게, 무엇이 어떻게 작동하고 어디에
무엇이 있는지를 명확하게 표현하는 법을 배웠다. 스스로 이런 작업을 잘
한다고까지 생각한다. 그러나 당시에는 복잡한 온보딩(On-boarding, 신규 입
사자가 조직에 적응하도록 지원하는 과정을 의미. 디지털 제품의 경우 신규 사용자가 제품
에 적응하는 것을 지원하는 것으로 볼 수 있음) 흐름을 직관적으로 만드는 법이나
앱에서 고려해야 할 상태, 또는 작은 화면에 맞게 콘텐츠를 디자인하는 법
을 고민하지 않아도 됐다. 그때는 스마트 워치나 핏빗Fitbit, 온도 조절계를

조작하는 앱은 물론이고 아이폰도 없었기 때문이다.

그 이후로 많은 것이 변했다. 이제는 온갖 종류의 사적인 순간과 중요한 업무와 우리 사이에는 인터페이스가 존재한다. 그리고 이런 인터페이스에는 누군가가 쓴 수많은 문구가 담겨 있다.

그런 문구를 작성하는 사람이라면 이 책이 새로운 절친이 될 것이다. 인터페이스 콘텐츠 디자인에는 필연적으로 UX 라이팅 스킬이 필요하기 때문이다. 그렇지만 무엇이 어떻게 작동하는지에 관한 호기심, 인터페이스를 사용하는 사람에 공감하는 마음도 필요하다. 이런 내용을 이 책에서 볼 수 있을 것이다.

앤디와 마이클은 UX 라이팅을 활용한 디자인 경험이 매우 풍부하다. 독자 여러분도 책을 읽으며 이를 느끼게 될 것이다. 그러나 이 책에서 가장 매력적인 부분은 바로 두 저자가 훌륭한 인터페이스 라이팅은 자부심으로 넘쳐나는 한 천재로부터 탄생하는 것이 아니라는 점을 안다는 것이다. 훌륭한 인터페이스 라이팅은 다양한 관점을 가능한 한 많이 취합하는 것에서부터 시작된다. 각 장에서는 포용성과 접근성이 있는 인터페이스 라이팅을 위해 꼭 알아야 할 지식과 새로운 관점을 소개한다.

그러니 이 책에 푹 빠져보자. 단순한 문구 그 이상이 담겨 있고, 잊어서는 안 될 중요한 내용을 이야기하기 때문이다.

- 사라 와터 보에처Sara Wachter-Boettcher
《따지고 보면 틀렸다Technically Wrong》, 《사람을 배려하는 디자인》,
《콘텐츠 세상Content Everywhere》 저자

차례

1장 UX 라이팅이 만드는 경험

2장 전략과 리서치의 힘

3장 명확한 UX 라이팅

4장 효과적인 에러 메시지 작성법

5장 모두를 포용하는 글쓰기

6장 보이스란 무엇인가

7장 톤이란 무엇인가

8장 효과적으로 협업하기

들어가며

이 책은 UX 라이터와 UX 라이팅을 활용하여 더 훌륭하고 인간적인 기술을 개발하고 싶은 사람을 대상으로 한다.

자신이 그런 사람이라면 혼자라고 생각할 필요가 없다. 그동안 우리는 이 주제로 전 세계의 많은 행사에서 교육을 진행했다. 그리고 매번 자신의 UX 라이팅 스킬로 디지털 제품을 만드는 멋진 사람들을 만났다.

이 책을 쓰기 위해 그중 다양한 직함을 가진 스무 명 이상의 사람을 인터뷰했다. 인터뷰는 개별적으로 진행했지만, 이들의 이야기에는 몇 가지 공통점이 있었다.

▶ 어떤 변화를 주기에는 너무 늦은 단계에서야 프로세스에 참여함.
▶ 그들의 업무가 쉽고 시간이 얼마 걸리지 않는다는 인식이 있음.
▶ 다른 팀원에 비해 중요하지 않다고 느껴짐.

이런 문제를 우리 자신의 커리어에서도 많이 겪었다. 우리의 경우, 해법은 UX 라이팅을 더 잘하는 것이 아니라 더 나은 사용자 경험을 디자인하는 것이었다.

보통 디자인을 시각적인 것으로 생각하지만, 사실 디지털 제품은 언어에 많이 의존한다. 어떤 제품을 디자인하려면 버튼 문구, 메뉴 항목, 사용자가 보는 에러 메시지 등을 작성하고, 심지어는 문자의 사용이 제품에 적합한 솔루션인지 고민하는 것이 필요하다. 소프트웨어에 표시되는 문구를 작성한다는 것은 이것을 사용하는 사람의 경험을 디자인하는 것이기 때문이다.

UX 라이팅이 디자인으로 인식되면 제약 사항이 달라진다. 이제 목표는 주의를 끄는 것이 아니라 사용자가 원하는 작업을 수행할 수 있도록 돕는 것이 된다. 여러분이 만드는 경험은 영구불변한 것이 아니다. 팀이 업데이트를 적용할 때마다 달라진다. 그리고 여러분은 모국어로 UX 라이팅을 하겠지만, 이것이 수십, 혹은 수백 개의 언어로 번역될 수도 있다.

성공하는 문구 디자이너가 되려면 필요하다고 생각하는 점은 다음과 같다.

▷ 객관적이고 전략적인 접근 방식: UX 라이팅에서 한발 물러서서 이해하는 데 집중한다. 사용자를 연구하고 어떤 언어를 쓰는지 알아본다. 함께 일하는 사람과 이들이 달성하려고 하는 것이 무엇인지 이해한다.

▷ 사용자 중심의 UX 라이팅: UX 라이팅 기법이나 문장 구조도 중요하지만, 작성한 문구가 명료하고 유용하며 각 상황에 적합한 것이 최우선이다. 자신이 작성한 문구가 귀중한 보물이라도 되는 것처럼 생각하지 말고, 사용자를 돕는 도구(색상, 형태, 상호작용 패턴 등)로 여긴다.

▷ 협력적 팀워크: 제품팀이 여러분의 업무를 이해하고 중요한 결정에 참여하도록 만들어야 한다. 팀원들이 더욱 열정적으로 임할수록 더 많은 사람이 참여하게 될 때 일관성을 유지하는 방법이 필요해질 것이다.

바로 이런 점에서 스스로(이 일을 하는 모든 사람도) 자신이 디자이너라고 생각하는 게 도움이 된다고 본다. 그런 식으로 사고해 본 적이 없다면 이를 통해 더욱 자신감을 얻고 새로운 시도를 하는 계기가 되기를 바란다.

이 책이 특히 UX 라이터를 대상으로 만들어지기는 했지만, 우리는 이를 직함이 아니라 역할이라고 생각한다. 모든 사람이 UX 라이팅으로 디자인하는 방법을 배움으로써 얻는 것이 있다. 많은 팀, 디자이너, 개발자, 엔지니어, 제품 리더 등 많은 사람이 이런 UX 라이팅을 한다. 직함이 어떻든 간에 이 책을 읽으면 자신의 UX 라이팅에 UX 방법론이 어떻게 적용되는지 이해할 수 있을 것이다.

각자의 배경과 관계없이, 우리는 여러분이 UX 라이팅에 관심을 기울인다는 사실이 매우 반갑다. 또한 많은 사람이 이 일의 중요성을 깨닫는 모습에 그 어느 때보다 마음이 설렌다. 그렇지만 하루아침에 이렇게 된 것은 아니다. 자신의 팀과 조직에서 변화를 만들며 지금을 만들어 온 사람들의 이야기를 이 책에서 보게 될 것이다.

여러분도 그런 변화를 만들 수 있다. 기발한 카피를 쓰는 것을 멈추고 UX 라이팅으로 디자인하자.

우리 이야기

우리는 앞서 말한 문구 디자이너에 속한다. 디자인팀에 소속되어 UX 라이팅을 하는 사람이다. 그리고 디지털 제품 경험에서 언어에 신경 쓰는 사람이다.

이 책이 전략적인 '방법을 알려주는' 가이드가 아니라는 점을 짚고 넘어가려 한다. 우리는 UX 라이팅에 하나의 정답만 존재한다고 생각하지 않는다. 그러므로 이 책은 UX 라이팅 방법이 아니라 어떻게 UX 라이팅을 해야 할지 생각하는 방법에 초점을 맞춘다. 여러분의 UX 라이팅에 적용할 수 있는 아이디어와 개념을 알려주는 것을 목표로 하고 있다.

이 책에서는 우리 두 사람이 하나의 보이스로 서술한다. 그렇지만 우리의 개인적인 이야기를 나누거나, 관련된 이야기로 다채로움을 더하는 경우 우리 개인의 모습이 등장하게 된다. 우리 얼굴이 그려진 부분은 우리의 개인적인 이야기와 관점을 담고 있다.

UX 라이팅을 디자인이라고 생각하게 된 때가 그동안의 커리어에서 가장 내 일이 분명해진 순간이었다. 늘 뼛속까지 글쟁이라고 생각했지만, 공간을 단어로 채우는 것만으로는 절대 만족할 수 없었다. 그리고 언제나 그 공간을 원하는 대로 만들고 싶었다(나는 이를 '디자인'이라고 부른다).

대학 시절, 한 학기 동안 학생 신문사의 편집장을 맡았다. 기사를 쓰고 편집하는 일 외에도 좋아했던 것이 바로 페이지 레이아웃을 잡는 일이었다. 정말 신나서 했던 일을 살펴보면 다음과 같다.

▶ 기사를 어떻게 배치할지 정하기
▶ 어느 기사가 다른 기사보다 눈에 띄어야 할지 정하기
▶ 사진 캡션을 어디에 어떻게 넣을지 이해하기
▶ 인용문으로 사용할 만큼 중요한 문구가 무엇인지 정하기
▶ 기타 등등

이 경험 이후 내가 글뿐만 아니라 이런 글이 사용되는 시스템 전체에 영향을 미치고 싶어 한다는 점을 알게 되었다. 당시에는 UX 라이팅이 무엇인지 알지도 못했고, 소프트웨어 인터페이스에 들어가는 문구를 생각하는 일이 직업이라고는 상상도 못 했다. 그렇지만 그런 일을 하게 되자 나의 관심사에 딱 맞는 일이라는 생각이 들었다.

지금은 창의적 업무를 돕는 툴을 개발하는 세계적으로 유명한 소프트웨어 기업 어도비Adobe의 중앙 집중식(centralized, 디자인 시스템 조직 구성의 한 유형. 하나의 중앙 팀이 디자인 시스템을 전적으로 관리하고 운영) 대규모 제품디자인 팀에서 일하고 있다. 여기서 콘텐츠 전략가와 UX 라이터로 구성된 작은 팀을 이끌고 있다. 우리 팀은 30년 넘은 이 회사에서도 비교적 신생팀에 속한다. 우리는 같은 회사의 동료에게 "UX 라이팅으로 디자인한다."라고 이야기한다. 우리가 디자인 프로세스의 모든 단계에 참여해야 더욱 유의미한

차이점을 만들어낸다는 것을 이해시킬 수 있기 때문이다.

▌마이클

이야기를 전달하는 데 글과 시각적인 효과가 함께 작용하는 점에 늘 관심이 있었다. 사실 나는 대학에서 예술과 커뮤니케이션을 전공했고, 보도 사진가가 되려고 했다.

그렇지만 졸업했을 때 보도 사진가를 채용하는 언론사는 하나도 없었다. 그러나 언론사 웹사이트 작업을 할 사람을 구하고 있었다. 나는 UX 팀에 UX 라이터로 합류했고, 많은 사람이 문구를 디자인에 포함되는 것으로 여기지 않는 사실에 적잖이 놀랐다. 그래서 문구가 사용자 경험에 어떻게 영향을 주는지를 같이 일하는 모든 팀이 이해하게 만드는 것을 목표로 설정했다.

이후 여러 가지 직함을 달았다. UX 디자이너, UX 아키텍트, 심지어는 대화 디자이너라는 직함도 있었다. 개인적으로는 이 업무를 잘하는 데 이런 직함이 필요하다고 생각하지 않는다. 그러나 많은 팀이 UX 라이팅을 디자인 프로세스의 중요한 요소로 여길 기회를 놓치고 있다고 생각한다.

나는 여러분이 UX 라이팅을 활용하여 디지털 제품을 한층 개선할 기회에 설레기를 바란다. 이미 UX 라이터로 재직 중이거나 그런 일자리를 찾고 있는 사람이든 다른 역할을 맡고 있으면서 UX 라이팅 스킬을 높이고 싶은 사람이든, 내 경험에 따르면 이런 스킬은 거의 모든 제품 팀에 도움이 된다. 이 일에 관심이 있다면 여러분이야말로 다른 사람이 이 일의 중요성을 이해할 수 있도록 도와줄 최고의 적임자다. 여러분은 UX 라이팅이 디자인이라는 점을 이해할 수 있도록 다른 사람을 도와주는 사람이 될 수 있을 것이다.

▍두 사람의 관계

우리는 2014는 10월에 만났다. 당시
미드웨스트 UX(Midwest UX, 미국 중서부
지역에서 매년 개최되는 UX 디자인 콘퍼런스)
워크숍에서 앤디는 참가자로, 마이클은
강사로 참여했다. 그리고 1년 뒤에 세계
최대의 콘텐츠 전략 콘퍼런스인 콘패브

Confab에서 다시 만나 이야기를 나누었다. 우리는 이 콘퍼런스에 참석한 지
얼마 되지 않아 UX 라이터를 위한 내용이 없다는 걸 알아차렸다. 뒤이어 우
리가 그런 사람을 위한 워크숍을 만들어 보면 어떨까 하는 생각이 들었다.

그 후로 5년이 지나 이 책을 함께 쓰게 되었다. 그동안 우리는 이런 워
크숍을 6~7회 진행했다. 그러면서 워크숍은 제품 라이팅의 보이스와 톤을
개발하는 연습에서 이 책에서 다룰 내용이 포함된 종합적인 핵심 워크숍으
로 발전했다.

서로 사는 곳이 약 3,219킬로미터 떨어져서 시간대도 두 번이나 바뀌
고, 커리어 경험도 전혀 다르지만, 여전히 늘 서로에게서 배운다. 그런 차이
점이 우리가 가르치는 사람과 우리 자신에게도 유익하다는 점을 알게 되었
다. 이 책을 읽으면서 여러분 자신의 경험이 갖는 가치를 깨닫고 그 경험을
누군가에게 자신 있게 나누게 되기를 바란다.

1장

UX 라이팅이 만드는 경험

1

두 사람이 회의실에서 모바일 앱 화면의 출력본을 검토 중이다. 이들은 전에는 창고로 쓰였던 건물을 사무실로 개조하여 사용하고 있다. 화면 출력본은 벽돌로 된 벽에 붙일 수가 없어서 회의실의 유리벽에 부착했다. 스톡 포토(판매용으로 촬영하여 저장한 사진)로 찍으면 좋을 만큼의 풍경이다.

한 사람이 "이 버튼을 누르면 무슨 일이 일어나지?"라고 묻는다.
그러자 상대방은 "사용자 데이터를 저장해. 그러니까 '저장'이라고 써놨지."라고 답한다.
"그러면 모든 사용자 데이터를 저장하는 거야, 아니면 여기서 보이는 것만 저장하는 거야?"
"아, 여기에 보이는 데이터만 저장해."
"그걸 사용자가 어떻게 알지? 설명해 줘야 하나?"

이런 대화는 창고를 개조한 사무실만이 아니라 거의 모든 곳에서 흔히 일어난다. 소프트웨어를 개발하는 팀은 사람들이 이를 어떻게 사용할지에 관한 토론에 많은 시간을 할애한다. 여기서 '사용자'라는 단어가 유래한다. 사람들은 버튼을 눌러 동작을 수행하고, 이동 메뉴를 이용하여 자신이 가야 할 곳을 찾으며, 음성 인터페이스 대화로 자신이 활용할 수 있는 옵션이 무엇이 있는지 알아본다.

또한 문구를 활용하기도 한다. 버튼을 누르면 무슨 일이 벌어지는지, 이동 메뉴에 따라 어디로 이동할지, 음성 대화가 무엇을 의미하는지 등을 이해하는 데 도움이 되기 때문이다.

쓰기 전에 디자인하라

그렇다면 이런 문구를 어떻게 써야 할까? 많은 사람이 고민하는 문제이지만, 막상 쓰기부터 하려면 어렵다. 글을 쓰기 전에, 우선 자신이 원하는 사용자 경험을 디자인한다. 글쓰기와 디자인, 이 두 가지 활동을 다음과 같이 생각할 수 있다.

글쓰기: 여러 단어를 함께 엮는 것
디자인: 사용자의 문제를 해결하는 것

적합한 문구를 찾으려면 머릿속에서 글을 쓰는 사고와 디자인을 하는 사고가 한 팀을 이루어 작업해야 한다.

앞서 모바일 앱 화면의 저장 버튼을 두고 이야기하던 두 사람의 예를 생각해 보자. 무엇을 써야 할지 어떻게 알 수 있을까?

▸ 글을 쓸 때 필요한 질문: 여기에 몇 단어를 넣을 수 있는가? 이 행동을 어떻게 설명해야 하는가? 다른 곳에서는 어떤 용어를 쓰고 있는가?
▸ 디자인을 할 때 필요한 질문: 사용자에게 친숙한 용어는 무엇인가? 이다음에 무슨 일이 벌어지는가? 진짜 해결하려는 문제는 무엇인가?

둘 중 하나의 사고방식만 가지고는 해결되지 않는다. 둘 다 필요하다.

글쓰기도 디자인이라는 점을 이해하지 못하는 동료에게 UX 변경이 최선이라고 하면 매우 놀랄 것이다. 어떤 문제는 UX 라이팅만으로 해결되지 않는다. 그렇기 때문에 어떤 상황이 왜 일어나는지 이해하는 것은 버튼에 알맞은 문구를 쓰는 방법을 배우는 것만큼 중요하다.

문구를 활용하여 디자인하려면 단어를 배열하여 문장을 만드는 것과 연관성이 없는 것을 포함하여 다양한 스킬이 필요하다. 업무의 틀을 이런 식으로 짜면 더욱 효과적으로 일할 수 있다.

제품 및 서비스를 디자인할 때 우리는 사용성, 유용성, 책임성이 있는 경험을 만들려고 한다. 이것이 UX 라이팅에 어떻게 적용될까? 자신에게 해 볼 수 있는 질문을 몇 가지 적어보았다.

▶ 사용성을 점검하는 질문: 인터페이스를 사용하는 데 도움이 되는가? 명확하게 표현 되었는가? 사용자가 하려는 일을 할 수 있는가? 모든 대상이 사용할 수 있는가?

▶ 유용성을 점검하는 질문: 사용자가 하려는 일을 표현하고 있는가? 사용자에게 인터 페이스, 제품, 서비스의 통제권을 주는가? 이 경험이 사용자의 삶에 부가적인 가치를 제공하는가?

▶ 책임성을 점검하는 질문: 여기에 쓰인 말이 잘못 사용될 소지는 없는가? 이 말이 사 실인가? 친절한 표현인가? 포용적인 표현인가? 사업적 이익을 위해 사람들이 신뢰 하고 이해하는 언어와 반대되는 표현을 쓰고 있는가?

이를 위해서는 자신이 만드는 제품과 제품의 비전, 제한, 상호작용, 외 관, 코딩 등을 이해해야 한다.* 그러려면 중요한 대화의 촉진, 연구 수행, 전략 정렬에 많은 시간을 할애해야 한다.

쓰기 전에 디자인부터 시작하자.

---

* 소프트웨어 세계에서 '제품'은 시장에 출시하여 판매하는 것에만 국한되지 않고, 개발팀이 만드는 것 을 모두 가리킨다.

사용성을 갖춘 글쓰기

어떤 제품에 사용성이 있다는 말은 사용자가 어떤 외부의 도움 없이 이를 사용할 수 있다는 것을 의미한다. 소프트웨어에 사용성이 있는지를 알아보려면 사용성 테스트(사용자에게 몇 가지 과제를 주고 제품을 사용하여 이 과제를 쉽게 수행할 수 있는지를 관찰하는 것)를 시행하면 된다.

그림 1.1
어도비 크리에이티브 클라우드(Adobe Creative Cloud) 모바일 앱 검색 페이지의 전(왼쪽)과 후(오른쪽) 모습이다. 튜토리얼 목록의 마지막에 있는 문구는 사용자가 원하는 튜토리얼이 목록에 없으면 검색 도구를 사용하도록 안내한다.

그러나 사용성이 있는 글쓰기를 할 때는 사용성이 있는 제품을 만들 때보다 더 깊이 생각해야 한다. 예를 들어 많은 사람이 알고 있는 UX 라이팅 관련 조언 중 하나는 '여기를 클릭하세요.'라고 쓰지 않는 것이다. 이것 자체는 기억하기 쉽지만, 사실은 그 밑의 개념이 더 중요하다. 사용자가 다른 화면으로 이동해야 할 때 어디로 이동해야 하는지를 글로 설명하는 것보다 링크를 활용해서 보여주는 게 더 쉽다. 그림 1.1은 링크를 사용하여 텍스트를 더 사용성 있고 명확하게 만드는 방법을 보여주는 예시다. 먼저 왼쪽 그림의 경우 튜토리얼 리스트 맨 아래의 글을 통해 사용자가 더 많은 튜토리얼을 검색할 것과 검색 경험까지 어떻게 이동하는지를 설명하고 있다. 반면 오른쪽 그림의 경우는 사용자가 '검색'을 누르면 연결된 링크를 통해 바로 검색 창으로 이동할 수 있게 되어 있다. 오른쪽 그림의 문구는 왼쪽보다 간결하고 훨씬 사용성이 있다.

시각 장애가 있는 사람이 화면의 글자를 읽어주는 화면 낭독 프로그램 screen reader을 사용하는 경우라면 이런 기능이 사용성에 특히 도움이 된다.

많은 접근성 분야의 전문가가 화면 낭독 프로그램 등을 지원하기 위한 가이드라인과 모범 사례를 제공한다. 그러나 화면 낭독 프로그램을 사용하는 사람이 '여기를 클릭하세요.'라는 문구와 연결되어 있는 링크를 사용하는 경우, 이 사람이 느끼는 접근성과 사용성 간에는 어떤 차이가 있을까?

《콘텐츠 디자인Content Design》의 저자 사라 리처드Sarah Richards는 2019년에 '접근성이 사용성Accessibility Is Usability'이라는 주제로 강의를 했다.[1] 여기서 리처드는 어떤 제품의 문구에 모든 사람이 접근할 수 없다면 이는 일부 사용자가 해당 문구를 사용하지 못하게 만드는 디자인을 한 것이라고 주장했다.

또한 자신의 저서에서 리처드는 읽기 수준이 다양한 사람들이 모두 이해할 수 있는 쉬운 언어를 사용하면 글의 접근성과 사용성을 더 높일 수 있다고 말했다. 이러한 글쓰기 방식은 인지 장애가 있는 사람, 여러분이 쓴 언어를 막 배우기 시작한 사람은 물론, 심지어 스트레스를 많이 받은 사람에게도 도움이 된다.

리처드는 쉬운 언어를 사용하여 글을 쓰는 것은 "지나치게 단순화하는 것이 아니라 문을 열어주는 것"이라고 말했다. 모든 사람이 접근할 수 있는 디자인 경험을 만들려면 다양한 읽기 수준, 문화적 배경, 장애 등을 고려해야 한다. 사용성 있는 UX 라이팅은 대상과 관계없이 모든 사용자에게 효과적이다.

유용성을 갖춘 글쓰기

사용자에게 유용한 문구를 쓰려면 사용자의 의도를 이해하고 존중해야 한다. 그렇지 않고서 어떻게 사용자가 자신의 시간, 돈, 관심을 제품에 쏟기를 기대할 수 있겠는가? 사용자에게 통제권을 주고 그들의 요구를 우선시하면 더욱 유용한 UX 라이팅을 할 수 있다.

그림 1.2는 호텔 예약 및 결제 시 사용자에게 보이는 체크박스이다. 첫

그림 1.2
멜리아 호텔에서 마일리지 서비스 회원과 이메일 수신자를 증대하기 위해 사용한 이 전략은 호텔 예약 시스템에서 유용하지 않은 부분이다.

번째 체크박스는 결제 완료에 필요하다. 그렇지만 이 하나의 체크박스에 호텔의 마일리지 서비스 가입, 이용 약관 동의, 마케팅 이메일 수신, 개인 정보 조항 동의 내용이 모두 들어가 있다. 게다가 마케팅 이메일 수신을 거부하려면 결제 흐름에서 벗어나야만 한다.

두 번째 체크박스는 네거티브 리스트 방식에 따라 이메일 수신을 거부할 수 있는 항목이다. 첫 번째 체크박스의 내용과 반대되는 내용이므로 이 체크박스를 선택하지 않을 수 있다. 그러다 보니 일부 사용자가 실수로 이메일 수신에 동의하는 결과로 이어질 수 있다.

이 예약 시스템을 담당하는 팀은 유용한 경험의 창출을 우선순위로 두지 않았다. 이 팀의 UX 라이팅과 디자인은 사용자를 강제로 마일리지 서비스와 이메일 수신 리스트에 가입하게 만든다.

이와 반대로, 핀터레스트Pinterest의 이용 약관은 팀 전체(디자이너, 개발자, 변호사 포함)에서 유용한 UX 라이팅을 위한 비전을 세웠을 때 무엇이 가능한지를 보여준다.

그림 1.3은 핀터레스트 이용 약관 화면이다. 여기에는 각 항목의 요약 내용이 쉬운 용어로 쓰여 있어 사용자가 자신이 어떤 내용에 동의하는지 쉽게 이해할 수 있다.

사용자에게 유용한 UX 라이팅을 하기 위해서는 사업으로 얻을 수 있는 이득에만 집중하는 것이 아니라, 사용자가 제품이나 서비스에서 얻기를 원하는 것에 초점을 맞추고, 이 요구 사항과 사업 목표의 균형을 어떻게 맞출지를 고민해야 한다.

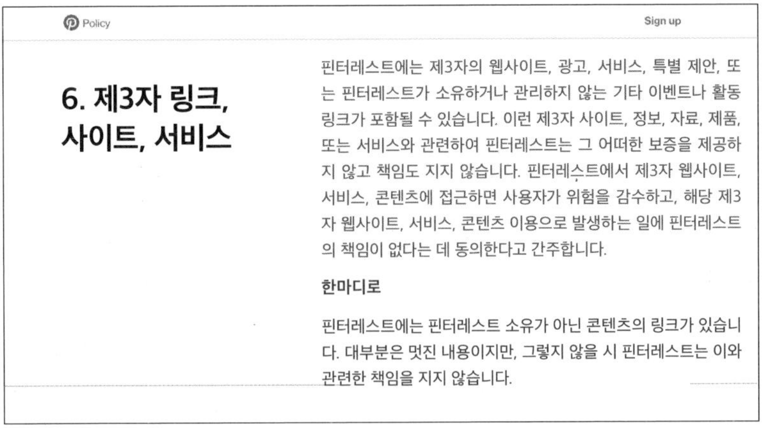

6. 제3자 링크, 사이트, 서비스

핀터레스트에는 제3자의 웹사이트, 광고, 서비스, 특별 제안, 또는 핀터레스트가 소유하거나 관리하지 않는 기타 이벤트나 활동 링크가 포함될 수 있습니다. 이런 제3자 사이트, 정보, 자료, 제품, 또는 서비스와 관련하여 핀터레스트는 그 어떠한 보증을 제공하지 않고 책임도 지지 않습니다. 핀터레스트에서 제3자 웹사이트, 서비스, 콘텐츠에 접근하면 사용자가 위험을 감수하고, 해당 제3자 웹사이트, 서비스, 콘텐츠 이용으로 발생하는 일에 핀터레스트의 책임이 없다는 데 동의한다고 간주합니다.

한마디로

핀터레스트에는 핀터레스트 소유가 아닌 콘텐츠의 링크가 있습니다. 대부분은 멋진 내용이지만, 그렇지 않을 시 핀터레스트는 이와 관련한 책임을 지지 않습니다.

그림 1.3
핀터레스트의 이용 약관은 사용자를 강제하는 법률 계약서보다 훨씬 유용하게 느끼도록 사용자 경험을 디자인하는 문구를 사용했다.

책임감 있는 글쓰기

UX 라이팅에는 좋은 목적이 있어야 한다. UX 라이터이자 디자이너라면 자신이 세상에 내놓은 말에 책임을 져야 한다. 그리고 이런 말에는 힘이 있다. 따라서 책임감 있는 UX 라이팅을 하려면 매우 다양한 시나리오를 고려해야 한다.

무책임한 UX 라이팅은 언어를 무기로 사용자에게 상처를 준다. 대표적인 예가 바로 '사용자를 불편하게 만드는 확인 메시지confirm-shaming'이다. 이런 상황은 인터페이스에서 사용자에게 어떤 요구를 했을 때, 사용자가 이를 거부하려면 강제로 자신에게 부정적인 말을 하도록 만들 때 발생한다. 그림 1.4는 더스킴theSkimm이라는 뉴스 앱의 화면이다. 사용자의 이메일 주소를 입력하는 양식을 종료하려고 할 때 사용자는 강제로 자신이 아침에 우울한 편이 더 좋다고(그림 1.4 마지막 줄 참조) 말할 수밖에 없다. (기업들이 얼마나 절실하게 이메일 주소를 원하는지 눈치챘는가?)

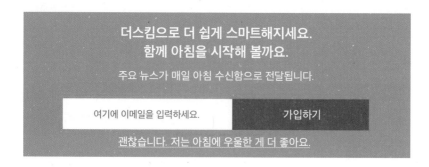

그림 1.4
그 누구도 아침에 우울한 것을 좋아할 리가 없다. 그러나 더스킴은 사용자가 이를 강제로 인정하도록 만든다. 이 이미지는 이런 메시지 사례를 모은 confirmshaming.tumblr.com에서 확인할 수 있다.

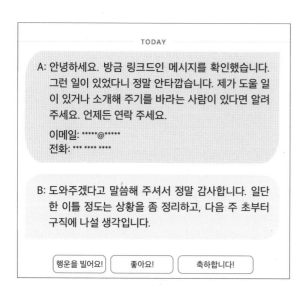

그림 1.5
어떤 사람이 일자리를 잃었을 때 "행운을 빌어요!"라는 말은 너무나도 냉정한 반응이다. "축하합니다!" 역시 말이 되지 않는다.

그러나 책임감 있는 글쓰기는 단순히 멍청이가 되지 않기 위해 조심하는 것이 아니며, 그 이상으로 심오한 문제이다. 말이라는 것이 눈에 명확하게 보이지 않는 방식으로 상처를 주는 경우도 많기 때문이다.

그림 1.5는 링크드인LinkedIn에서 두 사람이 나눈 대화를 보여준다. A는 최근 실직한 사람을 도와주겠다는 제안을 한다. B는 이에 감사를 전하며 시간을 갖고 일의 경위를 살펴보겠다고 말한다.

링크드인 알고리즘이 A에게 제안한 자동 완성 메시지("축하합니다!" 또는 "좋아요!")는 이 상황에 적절하지 않다. 이 기능은 사용자의 시간 절약을 목적으로 설계되었다. 그러나 이런 경우는 30초라는 메시지 작성 시간을 절약하는 것보다 훨씬 중요한 이야기가 오가고 있다. 혹시라도 메시지를 잘못 누르기라도 하면 상대방에게 상처를 주는 냉정한 사람이 될 수 있다.

이렇게 자동 완성 메시지는 작성자가 의도하지 않은 방향으로 사용될 가능성이 있다. 그렇다고 작성자가 책임을 피할 수는 없다. UX 라이터라면 자신이 작성한 문구가 어떻게 사용될지 뿐만 아니라, 알고리즘, 회사 동료, 외부의 악의적 사용자 등이 어떻게 잘못 사용할 수 있는지도 생각해야 한다.

UX 라이팅으로 형성되는 경험

UX 라이팅으로 디자인한다는 것의 의미는 무엇일까? UX 라이터의 문구로 사용자의 경험이 형성된다는 것을 의미한다.

잠시 UX 라이팅이나 소프트웨어와는 관련이 없는 예시를 들어 보겠다. 가게에 사과를 사러 가려고 집에서 나선다고 생각해 보자. 걸을 수 있는 신체를 가지고 있고 가게도 집에서 멀지 않으며 동네에 인도가 갖춰져 있다면, 쉽게 가게에 가서 사과를 사 올 수 있을 것이다.

그러나 인도가 잘 갖춰지지 않은 시골에서 사는 경우는 어떨까? 그런 곳에는 보통 주택 구획의 일부를 인도로 활용하게 되어 있지만, 이 구획이 도로를 따라 쭉 이어져 있는 것은 아니다. 따라서 이런 구역에서 벗어나면 배수로 위를 걷거나 차량이 빠른 속도로 질주하는 도로를 따라 걸어야 한다. 이 경우 많은 사람이 차를 타고 가게에 가서 물건을 산다.

걸을 수 없는 사람의 경우라면 어떨까? 휠체어를 타고 가는데 교차로에 휠체어 사용자를 위한 경사로가 없을 수 있다. 이 경우 자신이 운전하거나 다른 사람에게 부탁해야 할 수밖에 없다(그림 1.6 참조).

이렇게 모든 도로와 인도의 조합이 디자인되었다. 그런데 이걸 누가 디자인했을까? 차량에 훨씬 적합한 도로를 만들거나 휠체어 사용자는 이용할 수 없게 만든 책임은 누구에게 있을까? 도로 건설 계획을 세운 사람일까? 도로 건설을 승인한 정부? 주택 구획 개발 업자? 건축 회사의 견적 업무 담당자? 그도 아니면 도로를 건설한 공사 인부일까? 정답은 디자인에 관여한 사람 모두이다. 다른 사람의 경험에 영향을 주는 어떤 결정을 내린다면, 그 사람은 디자인을 하는 것이다.

그림 1.6
경사로는 휠체어 사용자가 차도에서 인도로 손쉽게 이동할 수 있도록 설계되었다. 또한 시각 장애가 있는 보행자가 도로에 진입하거나 도로에서 벗어날 때 이를 촉각으로 인지할 수 있도록 보도블록이 설치되어 있다.

《스타일과 목적을 살리는 웹 UX 라이팅》의 공저자 니콜 펜튼Nicole Fenton은 자신의 글 〈재료로서의 말Words as Material〉**2**에서 자신의 업무를 다음과 같이 설명한다.

> "나는 디지털 제품과 물리적 제품을 만든다. 따라서 디자인 프로세스에 매우 깊게 관여한다. 그러나 우선 나의 작업도 디자인 프로세스임을 먼저 말하고 싶다. 내가 소설이나 단편을 쓰는 것이 아니라, 화면 뒤에서든 제품 그 자체에서든 문제를 해결하기 위한 언어를 구사하기 때문이다. 나는 말을 재료로 활용한다."

UX 라이팅은 디지털 경험을 만든다. 그리고 이 책은 사용자가 컴퓨터, 핸드폰, 스마트 워치, 기타 기기에서 소프트웨어를 사용할 때 좋은 경험을 하게 만드는 방법을 이야기한다. 점점 더 많은 사람이 개인적이고 일상적인 일(요금 납부, 이메일 발송, 우버Uber나 리프트Lyft 같은 승차 공유 서비스 요청 등)에 소프트웨어를 활용한다. UX 라이터는 사용자가 이런 일을 하도록 만드는 인터페이스를 디자인한다.

이런 경험을 만들려면 문구가 필수이다. 그리고 이런 경험에 포함된 모든 문구에는 사용자의 이해, 감정, 결과가 나타난다. 그렇기에 이런 유형의 UX 라이팅을 디자인이라고 하는 것이다.

문구 없는 인터페이스는 없다

지금 자신의 핸드폰을 꺼내 즐겨 쓰는 앱 중 하나를 실행해 보고, 그 앱을 살펴보면서 보이는 모든 문구를 적어 보자. 여러분이 일상적으로 사용하는 앱이 문구에 의존하고 있음을 알게 될 것이다. 이 사실은 그림 1.7과 그림 1.8을 보면 더 확실하게 알 수 있다. 여러분이 사용하는 앱의 인터페이스에서 문구를 빼면 과연 뭐가 남을까? 그림 1.8처럼 음식 배달 앱에 어떤 문구도 없다고 상상해 보자. 그야말로 작동하지 못할 것이다.

그림 1.7
도어대시DoorDash 모바일 앱 화면에 문구가 있을 때의 모습

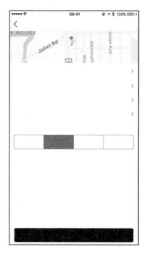

그림 1.8
도어대시DoorDash 모바일 앱 화면에서 문구를 뺀 모습. 디자이너 믹 레예스Mig Reyes는 2015년 블로그 게시물에서 유명 웹사이트를 대상으로 이런 작업을 했다. 이를 통해 인터페이스가 UX 라이팅에 얼마나 많이 의존하는지를 시각적으로 보여주었다.[3]

음식 배달 업체는 수도 없이 많다. 이런 업체가 배달에 사용하는 소프트 웨어 제품은 디자인, 개발 단계를 거쳐 사용자가 사용하게 된다.

사용자는 이런 제품을 '앱'이라고 부른다. 이렇게만 보면 누군가가 주 말에 짬을 내서 개발할 것 같다. 그렇지만 실제로는 더 본격적인 비즈니 스이다. 미국 최대 음식 배달 기업 중 하나인 그럽허브Grubhub의 경우, 2018년에만 10억 달러(한화 약 1조 2천억 원) 이상의 매출을 올렸다. 그림 1.9, 1.10, 1.11에서 제품이 다양하게 활용되는 것을 볼 수 있다.

그림 1.9
고객은 모바일 앱(핸드폰 운영 체제에 따라 사용하는 앱은 달라짐)으로 주문하는 경우가 많다. 그러나 인 터넷에 연결된 스마트 워치, 음성 AI, 스마트 TV 등의 기기와 그 외의 웹 브라우저를 사용할 수 있 는 다른 기기로도 주문할 수 있다.

그림 1.10

음식점에서는 다른 앱(보통 포스기 옆의 태블릿이나 노트북에서 실행됨)으로 주문을 받는다. 그리고 배달원은 음식점에서 사용하는 앱의 모바일 버전을 사용하여 고객의 주소를 확인하고 배달 상황을 업데이트한다.

그림 1.11

사무실에서는 직원들의 음식을 단체로 주문할 수도 있다. 그러면 행정 업무 담당자의 경우 음식점을 선정할 수 있는 화면이 필요하고, 직원들은 경비 사용 마감일 전에 주문할 수 있는 화면이 필요하며, 회계팀은 급여 차감 내역을 감사할 수 있도록 기록을 조회할 수 있는 화면이 필요하다.

치즈버거 하나를 빠르고 쉽게 주문하는 데에는 소프트웨어, 비즈니스, 사람이 결합한 복합적인 생태계가 필요하다. UX 라이팅도 많이 필요하다. 다음은 음식 주문 앱에서 문구가 필요한 요소를 나열한 것이다.

- 앱스토어 등록(각 앱스토어)
- 새로운 버전의 릴리스 노트(Release note)
- 온보딩 정보(신규 사용자를 위한 오리엔테이션 정보)
- 로그인 화면 및 양식
- 계정 복구 메커니즘
- 계정 영역 및 설정
- 결제 화면
- 버튼 이름 및 인터페이스 요소
- SMS 알림
- 푸시(Push) 알림
- 이메일 알림
- 확인 이메일
- 계정 복구 이메일
- 이메일 확인용 이메일(이메일에 관한 이메일)
- 리인게이지먼트 이메일(활동이 뜸한 사용자의 활동을 촉진하기 위해 발송되는 이메일)
- 도움말 콘텐츠
- 이용 약관
- 개인 정보 처리방침
- 문의 양식
- 문의 양식 확인 화면 및 이메일

항목은 이 외에도 훨씬 더 많다. 기업마다 다루는 항목이 다르기 때문이다. 이런 영역에 표시되는 문구는 음식을 주문하는 경험을 형성한다. 누군가는 이것을 작성해야 한다.

UX 라이터의 역할

비단 핸드폰의 앱에만 해당하는 이야기가 아니다. 모든 웹 앱, 웹사이트에는 문구로 작동하는 상호작용 요소가 있다.

모든 버튼에는 이름이 있고, 모든 양식에는 에러 메시지가 있으며, 모든 회원가입 과정에는 지침이 있다. 이렇게 문구가 모든 곳에 활용되는데, UX 라이팅을 나중 순위로 미루고 마지막에 하면 된다고 생각하는 것은 큰 실수이다.

사실 어떤 특정한 유형의 인터페이스는 문구로 모든 것이 해결되기도 한다. 스마트 스피커와 챗봇 같은 자연 언어 기술의 경우에는 디자인 과정에 시각적인 요소가 사용되는 일은 (있다고 해도) 매우 드물다(그림 1.12 참조).

이런 경우 전통적인 의미의 디자인 경험이 있는 사람은 팀에 거의 필요하지 않다. 오히려 디자인 경험이 있는 UX 라이터가 필요하다.

시각 디자인이 이루어지기 전에 인터페이스에 들어갈 문구를 먼저 쓰면, 자기들이 실제로 만드는 것이 무엇인지 팀 전체가 이해하기 쉽다. 또한 토론할 거리도 생긴다.

UX 라이터가 시각 디자이너를 대체하는 일이 곧 일어나지는 않을 것이다(혹은 전혀 일어나지 않을 수도 있다). 그러나 UX 라이터와 디자이너라는 역할이 독립적으로 있는 팀의 경우, 두 사람 모두가 같은 사용자를 위해 일하고 같은 목표를 향한다는 점을 명심해야 한다. 어느 한쪽만 필요한 것도 아니고, 어느 쪽의 일을 먼저 하느냐의 문제도 아니다. 사용자 경험은 협업을 통해서 만들어지기 때문이다.

케이티 로워Katie Lower는 이러한 유형의 협업을 많이 경험했다. 15년 넘게 다양한 디지털 디자인팀과 함께 일을 하면서 고용주가 자신의 업무를 디자인이라고 인식하게 되었을 때가 힘이 된다고 느꼈다. 로워는 "그런 인식이 자신감을 주는 것 같아요. 그냥 태도부터 달라지는 거죠."라면서 "누가 저를 디자이너라고 부르면 제 입장이 그들과 동등해지는 것처럼 느꼈어

그림 1.12

이런 제품을 디자인하는 데 엄청난 프로토타이핑 소프트웨어가 필요하지 않다. 그냥 텍스트 에디터만 있으면 된다.

요."라고 말했다.

로워는 디자이너로서 일을 시작한 것은 아니었지만, 자신이 작업하는 제품이나 함께 일하는 팀에 더 큰 영향을 미치고 싶어 했다. 로워의 커리어 초기에 한 프로젝트에서 사용성 전문가가 연구 결과를 보여준 적이 있다. 이 연구에서는 사용자가 제품을 경험하다가 어느 특정한 시점에서 어떤 문구를 찾는지를 연구했다. 이를 본 로워는 자신이 작성해야 하는 문구만이 아니라 그 문구를 쓰는 이유에도 관심을 두게 되었다.

"디자인에 다양한 전문 분야가 있다는 건 알지만, 그 전문적인 경험이라는 것이 모두 각각 동떨어져 있는 것 같았어요. 큰 그림을 놓치는 거죠." 라고 그녀는 말했다. 그러면서 "그때 '여기에 문구가 들어가야 하니까 글을 써주세요.'라는 말을 듣고 하라는 대로 하는 것 이상의 무언가가 이 일에 필요하다는 느낌이 들었습니다."라고 덧붙였다.

로워는 문헌정보학 석사 과정을 이수하면서 정보 아키텍처(IA, Information Architecture, 웹사이트, 애플리케이션의 콘텐츠 및 데이터를 효과적이며 유용하게 구조화, 조직화, 범주화하는 것)에 대해 알게 되었다. 정보 아키텍처에서는 콘텐츠 구조와 시스템의 정보 검색 방식의 중요성을 다루는데, 이 모든 내용이 디지털 디자인과 관련되어 있다.

로워는 "단순히 UX 라이터로 있는 것보다 더 많은 일을 하고 싶었고, 그러려면 학위를 하나 더 따자고 그때 생각했습니다. 저한테는 경험과 자신감을 얻는 과정이었죠."라고 말했다.

로워가 겪었던 가장 큰 문제는 UX 라이팅이 주 업무여서 프로젝트에 투입되는 시기가 너무 늦어 영향력을 발휘하기가 어렵다는 것이었다. 로워는 이미 결정된 사항의 배경을 이해하려고 질문을 많이 해야 했고, 그런 질문을 디자인에 필요한 요소로 여기고 기꺼이 답해줄 팀을 찾아야 했다.

"저는 해결해야 하는 문제의 전체적인 맥락을 알아야 한다고 늘 생각해요. 그러니까 그런 맥락을 다 이해할 수 있는 환경이야말로 제가 일하기에 최고로 좋죠."라고 로워는 말했다. 또한 "당신이 어떤 프로젝트의 막바지에 투입되었고, 팀 구성원이 당신의 질문을 달가워하지 않을 수 있습니다. 그렇다면 UX 라이터로서 당신의 역할이 제대로 정립되지 않았거나 팀에서 이 역할에 대한 이해가 부족하다는 신호일 수 있어요."라고 지적했다.

사과하는 UX 라이터들

다음은 실제로 있었던 일이다. 어떤 UX팀의 구성원들이 모여 디자인 씽킹 워크숍을 진행했다. 사용자의 제품 경험을 개선할 아이디어를 짜내기 위해 이런 세션을 연 것이다.

모든 참석자 중 한 사람만 빼고 직함에 '디자이너'라는 단어가 있었다. 디자이너라는 직함이 없는 사람은 UX 라이터였다.

이 모임은 구성원이 각자 소프트웨어를 개선할 솔루션의 대략적인 스케치를 만드는 연습으로 시작했다. 한 명씩 돌아가면서 자신의 아이디어를 설명하고 어떻게 사용자에게 도움이 되는지를 설명했다. UX 라이터의 차례가 되었다. 그는 사과하는 것으로 말을 시작했다. "죄송합니다."라고 말문을 연 UX 라이터는 "제가 디자이너는 아니지만, 제 아이디어는 이렇습니다."라고 말했다.

이건 사소하지만 매우 중요한 문제이다. 이 사람은 대기업의 UX팀에 채용되었음에도 남의 눈치를 보고 있었다. 그가 이 모임에 들어온 것은 그의 아이디어가 좋기 때문이었다. 사실, 그의 디자인 스케치는 다른 사람의 스케치만큼 좋았다. 그렇지만 그의 커리어에서 어느 시점에 UX 라이터가 다른 팀원보다 열등한 스킬을 가졌다고 느끼게 한 사람이 있었던 것이다.

여기서 핵심은 지금 당장 관리자에게 가서 직함을 바꿔 달라고 얘기한다거나 디자이너로 불러달라고 요구해야 한다는 것이 아니다. 직함은 언제든 바뀔 수 있고, 대부분 회사 내부 정책에 따라 결정된다.

UX 라이터는 UX 라이팅을 하는 사람을 가리킨다. 팀 내에서 UX 라이팅을 하는 사람이 UX 라이터, 콘텐츠 전략가, 콘텐츠 디자이너처럼 UX 라이팅을 전문적으로 하는 사람인 경우도 있지만 디자이너, 개발자, 제품 매니저, UX 연구자 등처럼 다른 분야의 전문가일 수도 있다.

UX 라이팅을 하는 데 직함은 문제가 되지 않는다. 팀에서 사용자 요구를 충족하는 문구를 제품 경험 전반에 적용하는가가 중요하다. UX 라이팅은 이를 제공하는 과정에 포함된다. 좋은 소프트웨어를 만들려면 문구가 필요하기 때문이다.

UX 라이터의 업무에는 다른 사람에게 가이드라인을 제공하거나 UX 라이팅 방법을 가르치는 일이 포함된다. 이는 중요한 일이다. 그렇지만 여기에서도 제품 경험을 디자인하는 사람(말을 사용하여 각 사용자의 경험에 의미를 부여하는 사람)의 관점에서 문제를 사고하는 것이 필요하다.

UX 라이팅을 디자인이라고 말하는 것은 영향력을 높이기 위함이 아니다. 모든 UX 라이터가 일상 업무에서 겪는 현실이며 업무에 접근하는 중요한 방식이기 때문이다. UX 라이팅을 넘어서 다른 디자이너처럼 다양한 일을 할 수 있어야 한다. 가장 이상적인 활동은 사용자 요구 조사, 솔루션 프로토타이핑, 아이디어 테스트, 전략 수립, 자신의 의사 결정을 뒷받침하는 논리 구축 등이 될 수 있다. 어쩌면 제품 팀을 이끌며 제품 개발 방향에 부합하도록 만드는 일을 주도할 수도 있다.

이런 식으로 UX 라이팅을 생각하는 일은 자신을 포함한 많은 사람에게 생소한 일일 수 있다. 그래도 괜찮다. 그러면 우선 할 일은 디자이너로서의 정체성을 인정하도록 하고 팀이 이것을 잘 이해하도록 만드는 것이다. 자신의 업무와 그 중요성을 설명하는 일은 UX 라이팅 하나만 바라보거나 자기를 위안하는 일이 아니다. 관련된 모든 사람이 만들고자 하는 경험에 문구가 어떻게 활용되는지를 이해하도록 돕는 일이다.

더 나은 세상을 만드는 UX 라이팅

UX 라이팅은 사용자 경험을 디자인함으로써 사람들이 시간을 보내는 디지털 세상을 만들게 된다. 이는 막중한 책임이 따르는 일이다. 호르헤 아랑고Jorge Arango는 수많은 시간을 들여 이런 식으로 언어를 사용하는 일을 깊이 사고하고 관련된 작업을 했으며 이와 관련된 책을 썼다. 그는 정보 아키텍트(information architect, 정보 아키텍처 설계 또는 플랫폼 구축 등을 담당하는 전문가)이자 관련 서적을 두 권 집필한 작가이다.

아랑고는 말을 활용하는 방법을 배우려면 외국어를 학습하는 것이 가장 효과적이라고 생각한다. 그는 "이 방법을 추천하는 이유가 있다. (모국어 사용 시에는 너무 당연해서 의식하지 않았던) 역사적 요인에 따라 언어가 형성되었다는 점을 제대로 이해할 수 있기 때문"이라면서, "언어는 우리에게 매우 중요하죠. 그리고 어렸을 때 언어를 습득하므로 언어가 끊임없이 진화하는 구성체라는 사실을 잊게 됩니다."라고 말했다.

그러나 아랑고는 UX 라이터가 기술 산업 부문에 제공할 수 있는 귀중한 스킬을 보유하고 있다고 여긴다. 특히 디지털 제품의 이름과 라벨을 작성하는 일과 관련해서는 더 그렇다. 그는 "그런 작업에 필요한 정도로 풍부한 어휘를 가지지 못한 사람이 의사 결정을 하는 경우가 대부분이라고 봅니다."라고 지적했다.

아랑고는 뉴스피드(페이스북 및 여러 서비스에서 사용됨) 같은 기능이 어떻게 사용자 기대치를 형성하는지 예를 들어 설명했다. "우리 사회에서 뉴스는 피드백 체계입니다. 뉴스에서 알게 되는 내용을 바탕으로 투표를 하거든요."라고 말한 그는 "그런 개념을 가져다가 상업적인 용도로 바꿔서 사용하면 사용자는 주저하게 됩니다."라고 설명했다.

사용자 경험을 디자인하기 위해 UX 라이팅을 활용하는 사람에게 이는 실로 막중한 책임이다. 단순히 버튼이나 이동 메뉴에 이름을 붙이는 것이 아니라, 사용자의 사고방식을 바꾸기 때문이다.

"설득력이 강하게 작용하는 겁니다. 여러분이 언어로 어떤 환경의 경계를 설정하고 통제하면 저도 모르게 이를 받아들이게 되는 거예요."라고 아랑고는 이야기한다.

UX 라이팅은 때에 따라서는 어려울 수 있다. 많은 경우 과소평가되고 평가절하되는 스킬이기도 하다. 그러나 이 스킬이야말로 세상이 필요로 하는 것이다.

자신에게 맞는 방법을 찾아서

디자이너가 사용자 경험을 디자인하는 것처럼, UX 라이터는 사용자 경험을 글로 쓴다. 이런 일을 하는 데 도움이 되는 많은 아이디어가 이 책에 담겨 있다. 그러나 그런 아이디어가 이 업무에 관해 생각하게 만든다는 것이 더 중요하다. 각자 필요한 내용은 다 다르므로 한 가지 정답만 찾으려고 하지 말자. 단 하나의 정답이란 없으니 말이다.

그 대신, 자신의 사용자와 팀에 맞는 길을 찾아본다. 책에 나온 아이디어를 자신의 업무에 적용해 보고, 이를 확장하거나 더욱 발전시켜 본다. 그러면 UX 라이팅에서 디자인으로 진화할 수 있을 것이다.

2장

전략과 리서치의 힘

2

"'구매하기'가 더 낫지 않아요? '사기'는 너무 싼 티가 나는 거 같아요. 이건 세련된 제품이라고요."

똑똑하고 능력 있는 사람들이 모여 어떤 단어를 사용할지 토론하는 중에 나온 말이다. 여러분의 회사에서도 이런 일이 있었을지도 모른다. 프로덕트 오너, 디자이너, 마케터, 엔지니어, 심지어 UX 라이터인 자신까지 사용자의 결제를 유도하는 단어로 무엇을 쓸지 고민에 빠지는 것이다.

이와 관련한 회의에서 어떤 팀장이 회의 참석자 중에 문구를 생각해 내는 일을 담당하는 사람이 있다는 사실을 기억해 낸다. 그러면서 "당신은 어떻게 생각해요? 당신이 UX 라이터잖아요. 다른 회사에서는 이런 상황에 어떤 단어를 쓰는지 알려 줄래요? 어떤 게 더 나아요? '사기'랑 '구매하기' 중에?"라고 묻는다.

이런 식의 대화는 답답할 수 있다. UX 라이팅의 정답을 찾으려 하기 때문이다. 그리고 베스트 프랙티스(Best Practice, 판매, 제품혁신 등 경영 활동에서 성과를 창출한 운영방식)가 뭔지 알고 싶어 한다.

물론 이런 점은 충분히 이해할 수 있다. 그리고 "걱정 붙들어 매세요. 제가 이런 식으로 쓴 것은 이게 업계 베스트 프랙티스라서 그런 거니까."라고 말하면 단어 선택을 변호하기도 쉽다.

그렇지만 베스트 프랙티스는 누구에게 도움이 되는가?

사용자에게는 도움이 되지 않는다. 사용자는 원하는 일을 처리하기만 하면 된다. 구글이나 아마존이 어떻게 하는지는 별로 신경 쓰지 않는다.

기업은 베스트 프랙티스가 도움이 되리라 생각하지만, 사실 베스트 프랙티스는 그냥 문제(혹은 회의)에서 빠져나갈 손쉬운 길을 알려 줄 뿐이다. '사기'와 '구매하기'를 놓고 토론하는 사람들도 답답함을 느낄 것이다. 할 일도 산더미처럼 쌓였는데 단어 하나 가지고 씨름하고 있으니 말이다.

그러면 이 상황에서 정답은 무엇일까? 어느 한쪽이 더 나은 답이라는 것은 확실하다.

정답은 맞고 틀림을 따지는 것이 아니다. 현재 상황에 적합한 것이 무엇인지, 사용자에게 효과적인 것이 무엇인지, 팀이 달성하려는 것이 무엇인지가 더 중요하다. 전략과 리서치에 이 모든 것이 포함된다.

'사기', '구매하기', 아니면 다른 단어(예를 들어 '갖기'?) 중에서 무엇이 정답인지 생각하기 전에, 무엇이 적절한지 이해하기 위한 일을 해야 한다.

콘텐츠 전략 세우는 방법

자신이 전략을 수립하거나 전달하는 사람이 아니더라도, 전략을 이해하고 팀이 전략을 따라가도록 해야 한다. 전략이 없는 상태에서 일하는 것은 집에 난 불을 정원용 호스로 끄려고 하는 것과 같다. 어찌어찌 성공하더라도 시간이 오래 걸리고, 그 과정에서 패배감을 느끼게 된다.

전략적으로 일하는 것에 누군가의 허락은 필요하지 않다. 그냥 바로 시작하면 된다.

전략은 사람들이 이를 이해하도록 정렬하는 것에서부터 시작한다. 정렬alignment이란 비즈니스적인 표현으로, 모든 사람이 똑같이 이해하고 있다는 것을 의미한다. 이는 매우 중요하지만 실현하는 것이 의외로 어렵다.

정렬은 업무 영역을 벗어나서도 일어난다. 사회에 뿌리 깊게 박혀 있다. 교차로까지 운전한다고 생각해 보자. 모든 운전자가 교통 신호를 따라야 한다는 아이디어를 이해하지 않는다면 어떻게 될까? 부상자나 사망자가 나올 것이다.

(요즘 자동차나 의료 기기 등이 디지털화되면서 이에 관한 우려가 증가하고 있긴 하지만) 소프트웨어 개발에서 그 정도로 심각해지는 경우는 드물다. 그러나 모두가 똑같이 이해하지 않으면 시간과 돈을 낭비하게 되는 것은 자명하다. 확인하지 않은 채로 두는 것은 사용자의 요구를 충족하지 못하거나 제품이 실패할 수 있음을 의미한다. 서로가 제대로 이해하는지 확인하는 데 시간을 들이지 않기 때문이다.

《웹 컨텐츠 전략을 말하다》의 저자인 (또한 우리 커리어 형성에 영향을 미친) 크리스티나 할버슨Kristina Halvorson은 전략에 관해 이렇게 말했다.

> **전략은 팀에게 '정해진 기간에 노력을 집중해야 할 곳'을 알려주는 방향 지시문이다. 즉, 전략은 무엇을 해야 할지를 알려준다. 그리고 기본적으로 하면 안 되는 것을 알려준다.[1]**

전략을 이야기하는 것으로도 팀에 도움이 된다. 각자 자신의 머리에 전략을 담아놓고 다른 사람과 공유하지 않는 경우가 많다. 이런 사람의 수가 팀원 수만큼 되면, 정렬이 왜 그렇게 중요한지 이해할 수 있을 것이다. 할버슨의 정의에서는 팀이 핵심이다. 전략은 모든 사람이 똑같이 이해할 때 비로소 그 힘을 발휘하기 때문이다.

할버슨은 이런 유형의 일에서 전략이 갖는 가치를 잘 안다. 할버슨의 책은 웹 콘텐츠 작업을 하는 사람에게는 필독서로 널리 알려져 있다.

콘텐츠로 인한 혼란을 통제할 필요성에서 콘텐츠 전략이라는 개념이 탄생하여 유명해졌다. 강대한 글로벌 기업에서부터 가장 낮은 위치에 있는 계열사까지, 모든 기업에서 웹사이트를 개설했고, 내용을 채워 넣었다. 그리고 그 내용은 보통 사용자가 원하지 않거나 필요하지 않은 것이었다. 콘텐츠 전략은 그런 상황에 부닥친 조직에 나침반이 되었고, 사용자의 요구에 초점을 맞추는 것으로 웹을 눈에 띄게 개선했다.

그러나 콘텐츠 전략은 필요하지 않거나 효율적이지 않은 부분을 웹사이트에서 빼는 것 이상의 개념이다. 많은 사람에게 의사 결정 사항에 관한 공통된 틀을 제공하는 것이다. 그리고 조직 원리이기도 하다.

디지털 제품과 서비스라고 다르지 않다. 인터페이스 콘텐츠 문구로 가득하다. 이런 문구가 인터페이스에 포함된다고 해서 전략적으로 접근하지 말아야 할 이유는 없다.

팀에서부터 시작하자. 엔지니어링, 테스트, 제품 리더십(product leadership, 제품팀을 이끌면서 제품-시장 적합성을 달성할 기회를 파악하는 관리직), 디자인에 이르는 모든 인력이 이 전략을 이해하고 숙지해야 한다.

조직에 따라 다음과 같은 사람을 포함해야 할 수 있다.

▷ 임원: 이들은 사업을 잘 이해하고 있다. 중간 규모 또는 대기업의 임원이라면 사업에 대한 이해로 승진을 거듭해 그 자리까지 올랐을 것이다. 그리고 핵심 전략을 실현할 자금을 확보하거나 핵심을 변경할 힘이 있는 사람이다. 여러분이 자신의 전략을 잘 설명하면 이런 의사결정권자에게 큰 도움이 된다. 그리고 이를 통해 임원의 지지를 얻을 수도 있다.

▷ 마케팅 인력: 브랜드 앰배서더는 브랜드가 위협받는다고 느낄 때 브랜드를 지키는 경찰이 될 수 있다. 여러분의 전략이 어떻게 제품을 더 돋보이게 만드는지, 기존의 마케팅과 어떻게 연결될 수 있는지 이해하도록 하자.

▷ 법무 인력: 변호사에게 어떤 일을 하거나 말을 해도 되는지 묻는다면 십중팔구는 안 된다고 답할 것이다. 안 된다고 하면 부담할 위험도 없기 때문이다! 이들이 제품의 방향성에 가슴 설레도록 만들 방법을 찾자. 워크숍을 열거나 연구 발표회 등에 초대하여 이 사업에 여러분의 전략이 왜 중요한지 설명하는 것도 좋다.

팀 전체가 똑같이 전략을 이해하도록 만드는 효과적인 방법은 전략 문구를 함께 만드는 것이다. 이런 문구는 팀 전체에 매우 중요하지만, 특히 UX 라이터에게 중요하다. UX 라이터는 제품의 기능을 설명하거나 온보딩 흐름에서 전환율을 높여달라는 요청을 받을 수 있다. 전략 문구는 팀이 믿는 방향을 제시하고, 제품에 관해 효과적으로 서술하는 데 필요한 해답을 찾는 데 유용하다.

여러분은 제품팀이 이런 전략 문구를 작성하는 것을 도울 최적의 인재이다. 이 문구도 단어로 구성되기 때문이다. 그리고 **여러분이 가장 잘하는 일은?**

스포일러: 언어를 다루는 일

콘텐츠 전략 컨설턴트 (그리고 이 책의 서문을 쓴) 사라 와터 보에처는 빈칸 채우기 게임을 활용한 연습을 고안하여 팀이 함께 문구를 작성할 수 있도록 했다. 메건 케이시Meghan Casey는 저서 《콘텐츠 전략 툴킷》에서 이를 소개했다. 케이시의 버전에서는 네 가지 요소에 집중한다.

▶ 사업 목표
▶ 콘텐츠 제품
▶ 대상
▶ 사용자 요구

하지만 이는 콘텐츠가 (웹사이트에 있는) **제품일 경우에나 적합하다. 그러나 케이시의 방식을 적용하여 제품이 사용자에게 제공하는 가치에 초점을 맞춰볼 수 있다. 다음을 시작점으로 삼는다.**

▶ 사용자 유형
▶ 사용자 요구
▶ 사용자에 제공하는 가치
▶ 사업적 이점

드럼을 연주하는 법을 배울 수 있는 제품과 관련한 작업을 한다고 생각해 보자. 레슨을 보여주는 모바일 앱, 계정과 비용 결제를 관리할 수 있는 웹사이트가 있고, 연습 세션 중의 활동을 추적하는 스마트 워치 앱도 있다. 스타트업이어서 이름을 Drum.ly 또는 Drum.io라고 지을 것이다. 전체 제품의 전략 문구 개발을 퍼실리테이션하는 경우 이 제품의 빈칸 채우기 포맷은 그림 2.1과 같을 것이다.

우리는 _____에게 (사용자 유형) _____를 제공해서 (사용자 요구)

사용자가 _____를 실현하도록 할 것이다. (사용자에게 제공되는 가치)

이는 Drum.io의 _____ 에 도움이 될 것이다. (경영상 이점)

그림 2.1
전략 문구를 작성하기 위해 만든 빈칸 채우기 포맷

다음으로 팀을 소그룹으로 나누어 빈칸을 채우도록 한다. 다음과 같은 몇 가지 가이드라인을 주어 이 활동이 효과적으로 진행되도록 한다.

1. 각 그룹에서 모임 진행자를 지정하도록 한다. 진행자는 그룹의 모든 사람이 결정에 동의하는지 확인한다.
2. 각 그룹은 빈칸당 1~2개의 구체적인 내용을 도출한다. 이 연습은 팀이 무엇을 가장 중요하게 생각하는지 말로 표현하고, 리더가 팀원의 의견을 수렴할 수 있도록 하는 장점이 있다.
3. 각 그룹의 문구를 나머지 그룹과 나눈다. 이를 바탕으로 유의미한 토론이 시작될 것이며 모두가 이 문구에서 나타나는 패턴을 이해하게 될 것이다.

이 활동을 소그룹으로 진행한 후, 도출된 문구를 바탕으로 전체 팀원의 욕구를 반영한 전략 문구를 만들 수 있다.

Drum.io의 전략 문구가 어떻게 작성되었는지 한번 살펴보자.

> 우리는 초보 드러머에게 드럼의 기본을 간단하게 배울 방법을 제공하여 다른 뮤지션과 함께 연주할 수 있도록 만들 것이다. 이는 Drum.io의 사용자 수와 매출 증대에 도움이 될 것이다.

이 문구를 보면 많은 것을 알 수 있다. 사용자를 다른 뮤지션과 함께 연주하는 수준까지 만드는 것이 목표라면, 이는 여러분이 만들려는 흐름과 팀이 기능 우선순위를 정하는 방식에 영향을 줄 것이다.

사용자 수와 매출이라는 핵심 비즈니스 지표를 알면 팀이 제품과 마케팅이 어떻게 서로 협력해야 할지 이해할 수 있다.

앞서 이야기했던 '사기'와 '구매하기' 중에 고민하던 상황에 이를 적용한다면, 이제 팀은 일반 대중 중에서도 폭넓은 대상에 접근하려 한다는 사실을 이해할 것이다. 이런 대상은 교육 수준이 다양할 것이고, 영어를 제2언어로 사용하는 사람, 인지 장애가 있는 사람이 있을 수 있다. 이런 사용자에게 다가가려면 최대한 이해하기 쉬운 언어를 사용해야 한다. 실제로 가독성 가이드라인 프로젝트(실제로 있는 협업 프로젝트로, 콘텐츠 디자인 런던Content Design London이 주도하고 있다)는 이런 상황에서 '사기'를 사용할 것을 권장한다. 그리고 그런 선택을 뒷받침하는 많은 연구 결과를 제공한다.[2]

이 문구를 팀 앞에 붙여놓고 매 회의와 토론 시 문구를 참조한다. 또한 이를 바탕으로 의사 결정 사항을 평가하고, 다른 사람도 똑같이 하도록 권한다.

이런 활동이 꼭 대규모의 제품 수준 전략에만 적용되어야 하는 것은 아니라는 점을 이해하는 것이 중요하다. 기능뿐만 아니라 팀이 수행하려는 이니셔티브(새로운 푸시 알림 배치batch 작업 등)에도 적용할 수 있다. 팀 전체가 이해하는 전략이 필요하다면 이 협업 방식이 도움이 될 것이다.

좋은 전략이란 어떤 것일까? 이를 위해 스스로 물어볼 질문을 몇 가지 제시한다.

▸ **실행할 수 있는가?** 팀이 무엇을 해야 할지 알 수 있는가? 이 전략이 어떻게 자신에게 적용되는지 이해할 수 있는가?

▸ **관련성이 있는가?** 제품이나 조직의 더 큰 목표에 부합하는가? 다른 팀이

하는 일을 고려해도 성립되는가?

▸ **사용자에 초점을 맞추었는가?** 사용자에게 도움이 되는가? 연구에 기반 하는가?

▸ **검증 가능한가?** 합리적인 사람이라면 이 전략이 수행되었을 때 납득할 수 있는가?

위의 질문을 던졌을 때 '아니요'라던가 '아마도'라는 답이 나온다면, 전략을 재고할 필요가 있다. 전략에 시간을 투자하는 이유는 여러분이 하는 일에 영향을 미치기 때문이다. 그렇지 않다면 전략을 수정해야 할 것이다.

어쩌면 구체적이지 못해 전략이 효과적이지 않을 수 있다. 예를 들어 "우리는 좋은 기능을 갖춘 훌륭한 앱을 만들어 사용자를 돕고 회사가 목표를 달성하도록 할 것이다."라는 문구는 듣기에는 좋지만, 쓸모 있는 말은 하나도 없다. 구체적인 기능을 이야기하고, 그런 기능이 사용자와 회사에 유용하도록 만든다는 태도를 갖는 방향으로 팀을 이끌어야 한다.

이외에도 각 조직에 따라 더 많은 내용이 추가될 수 있다. 직원이 세 명이든 3만 명이든 상관없이, 전략은 모두를 하나로 만든다.

여기서 중요한 것은, 여러분의 전략을 선포하고 옹호하는 것으로는 아무것도 이룰 수 없다는 것이다. 이 일을 가장 빠르고 효과적으로 수행하는 방법은 모든 사람이 여러분만큼이나 이 전략을 믿도록 하는 것이다.

사실, 전략에서 자신은 빠져야 한다. 보통 이 부분에서 문제가 많이 발생한다. 여러분이 팀에 의제를 강압적으로 들이미는 것처럼 보이면, 팀원들은 여러분을 따를 이유가 없다고 생각할 것이다.

자신의 매우 영리한 의견을 큰 보이스로 선언하고 다른 모두가 이를 줄 서서 따르는 모습을 지켜보는 일은 그 누구도 예외는 아니다. 혹시 컨설턴트 자신은 예외라고 생각한다면 양쪽 상황을 모두 겪은 우리의 이야기에서 교훈을 얻어가길 바란다. 최종 청구서 함께 첨부하지 않는 이상 그 누구도 권고 사항이 담긴 파워포인트 슬라이드는 열어보지도 않는다.

리서치로 해답 찾기

전략을 모두가 이해하도록 하는 것도 좋은 시작점이지만, 문구가 적합한지 알아보려면 사용자를 리서치하고 사용자와 함께 아이디어를 테스트해야 한다. 물론 처음에는 작성해 달라는 대로 문구를 쓰고 싶겠지만, 연구부터 해야 제대로 시작할 수 있다.

자신이 소프트웨어 인터페이스를 위한 글을 작성하는 UX 라이터가 아니라 여행 작가라고 생각해 보자. 일하는 첫날부터 새로운 곳을 탐색하고 모험할 수 있다는 기대감에 부푼 채로 출근할 것이다.

그리고 인도네시아 특집 기사를 작성하게 된다. 그러나 기사 작성을 위해 리서치를 진행하던 중에 실제로 인도네시아를 방문할 수 없고 거기에 사는 사람과 인터뷰를 할 수도 없다는 이야기를 듣게 된다. 상사는 영업팀의 브래드가 전에 한 번 다녀온 적이 있으니 그에게 어땠는지 물어보라고 한다.

말도 안 되는 이야기라고 생각하겠지만, 제품팀에서는 이런 일이 놀라울 정도로 비일비재하게 일어난다. 훌륭한 사용자 경험을 만들려고 사람을 채용해 놓고는 사용자의 이야기를 듣거나 사용자에 대해 알아보거나 사용자와 함께 시간을 보내기에는 일정이 빠듯하다고 이야기하는 것이다.

이건 말도 안 된다. 사용자 인터페이스 엔지니어링(User Interface Engineering, 미국의 웹사이트 및 제품 사용성 관련 연구, 교육, 컨설팅 기업)의 연구에 따르면, 팀 구성원이 6주에 걸쳐 매주 2시간 동안 사용자와 연락하는 시간을 보냈더니 작업 품질이 급격하게 증가했다.[3]

리서치에 완벽이란 없지만, 해도 그만이고 안 해도 그만인 것은 절대 아니다. 리서치는 사용자와 그들의 요구를 이해할 수 있는 가장 좋은 방법이기 때문이다.

의견에서 벗어나라

소프트웨어 개발자는 늘 사용자를 주제로 이야기한다. 사용자가 원하는 것, 기대하는 것, 얼마나 기다릴 수 있는지 등을 말한다. 그러면서 "내가 사용자라면..."이라는 말로 이야기를 꺼내며 팀이 어떤 일을 왜 해야 하는지 설명한다.

실제로 사용자에 대해 무언가를 알고 있으면 매우 좋은 일이겠지만, 보통 이런 대화에서는 그저 자신의 의견을 내세울 뿐이다. 문구 작성 시 그런 의견에 얽매이지 않도록 하자. 그보다는 자신과 팀 안에 있는 편견이 아니라 사용자에 관한 정보와 데이터를 가지고 결정한다.

문구만 리서치해서는 안 된다. 다음 활동을 수행하면 작성된 문구가 더욱 효과적일 것이다.

> ▶ 제품 사용자와 그들의 환경을 더 자세히 알아보기
> ▶ 팀이 의도한 디자인 대로 사용자가 사용자 경험을 할 수 있는지 파악하기
> ▶ 사람들이 제품을 어떻게 받아들이고 제품에 반응하는지 파악하기

사용자를 잘 알지 못하면 그 사용자를 위한 좋은 경험을 만들 수 없다. 따라서 리서치를 수행해야 한다. 연구팀과 함께 연구하든 혼자서 공부하든, 리서치는 건너뛸 수 없는 필수불가결한 단계이다.

문제를 제대로 파악해야 하는 이유

예전에 작업했던 제품 중에 고객에게 자신이 소유한 고가 아이템(카메라, 자전거, 컴퓨터 등)에 관한 정보를 묻는 제품이 있었다.

우리 팀은 사용자에게서 최대한 신속하게 필요한 정보를 수집할 수 있도록 흐름을 매끄럽게 만들었다. 보기에도 예뻤고 애니메이션 효과도 멋있었으며 접근성 표준도 준수했다.

그림 2.2
각 항목의 이름에 서술적인 표현을 썼지만, 테스트에서 이것만으로는 정보가 충분히 전달되지 않음이 밝혀졌다.

그림 2.3
업데이트된 버전에는 문구가 더 많아졌다. 그러나 사용자는 더 쉽게 이 흐름을 이용할 수 있었다. 앱이 무엇을 요구하는지 이해하기 쉬워졌기 때문이다.

문제는 이것이 효과적이지 못했다는 점이다.

사용자를 대상으로 이 디자인을 테스트하면서 많은 사용자가 중간에 포기한다는 사실을 알게 되었다. 사용자가 포기하는 이유는 양식에서 요구하는 내용을 어떻게 입력해야 할지를 잘 몰랐기 때문이었다.

그림 2.2는 테스트 전에 아이템의 사진을 요구하는 양식의 화면이다. 각 항목에 이름이 다 있지만, 사용자가 다음 단계로 넘어갈 수 있을 정도로 충분한 정보를 주지는 못한다.

사용자가 이 단계를 완료하고 제대로 된 사진을 업로드하게 하려면 각 항목의 이름을 더 자세하게 써서 무엇이 왜 필요한지를 보여주어야 했다.

테스트 후 설명을 더 넣는 방식의 해법을 적용했다(그림 2.3 참조).

처음에 정보 입력 양식을 토론할 때 나는 이미 설명이 충분하지 않음을 지적했다. 이 양식에서 사용자에게 양식 작성을 안내하면서 전문 용어를 너무 많이 쓰고 있다고 느꼈기 때문이다. 당시에 팀은 나의 우려에 동의하지 않았지만, 테스트 후에 이 점이 명백하게 드러났다.

팀에서 사용자 중심 접근법을 문구 작성에 적용하도록 만드는 데 어려움을 겪을 수 있다. 이때 테스트를 활용하면 기존의 방식을 바꿔야 하는 이유를 효과적으로 보여줄 수 있다.

무엇을 알고 싶은지 파악하라

모든 리서치에서 최적의 시작점은 사용자와 이야기를 나누기 전에 자신의 질문을 먼저 적어보는 것이다. 무엇을 알고 싶은가?

예를 들어서 살펴보자. 전문가가 도표와 그림을 작성하는 것을 도와주는 제품을 만들고 있다면, 리서치에 도움을 주는 질문은 다음과 같다.

▶ 어떤 업무 상황에서 시각적 도구를 만들어야 하는가?
▶ 사람들은 업무용 도표와 그림을 어떻게 만드는가?
▶ 작업 시 사용자가 요구받는 사항은 무엇인가?

리서치 질문은 그 범위가 넓든 좁든 간에 자신과 팀이 무엇을 알고 싶은지 이해하도록 도와준다. 알고 싶은 내용을 파악하면 그에 대한 답을 찾기 위한 활동을 계획할 수 있다.

UX 라이터의 사용자 인터뷰

사용자를 인터뷰하면 여러분이 사용하는 개념을 사용자가 어떤 언어로 표현하는지 이해할 수 있다. 작업 내용을 사용자가 사용하는 언어와 일치시키면 사용성이 높아진다.

혼자서든 연구자와 함께든 사용자를 인터뷰할 때 제품에서 말하는 내용을 사용자가 어떻게 표현하는지 파악할 수 있는 질문을 던진다. 그리고 사용자가 사용하는 단어를 메모한다.

그림 2.4
인터뷰 질문에서 내부적으로 사용하는 용어를 제외하면 사용자가 자신의 언어로 설명할 수 있게 된다. 여러분이 도표라고 지칭했던 것을 사용자는 차트라고 표현할 수도 있다.

앞에서 예로 들었던 도표 작성 툴 제작을 위한 리서치에서 "업무용으로 만들었던 시각 자료에 대해 말씀해 주세요."라는 식으로 질문하면 사용자에게 유도 질문을 하지 않더라도 그들이 사용하는 어휘를 파악할 수 있다(그림 2.4 참조). 실제로 이 질문에서 '그림과 도표'라는 단어는 뺐다. 이는 팀에서 제품을 설명할 때 쓰는 단어이기 때문이다. 그러면 사용자는 자신이 원하는 대로 시각적 도구를 설명하게 된다.

인터뷰를 하면 여러분의 사용자가 어떤 느낌을 받는지, 여러분이 디자인한 상황에서 사용자가 어떻게 행동하는지를 더 잘 이해할 수도 있다. 그 과정에서 사용자가 사용하는 표현과 사용자를 위한 UX 라이팅 방법을 발견하게 된다.

NOTE: 제대로 된 질문을 던져라

인터뷰 과정에서 형편없는 기법을 사용하고 쓸모없는 데이터를 수집하기 쉽다. 유도 질문을 하거나 참가자가 응답할 시간을 충분히 주지 않고 말을 자르는 것은 통찰의 신뢰성을 떨어트리는 결과로 이어진다.

연구도 중요하지만, 이를 제대로 수행하는 것은 훨씬 더 중요하다. 연구는 전문 분야이므로 대상을 인터뷰하는 경우라면 반드시 효과적이고 책임감 있게 인터뷰를 수행하는 방법을 배우도록 한다.

인터뷰 방법을 더 자세히 알고 싶으면 참고할 수 있는 훌륭한 도서가 많다. 스티브 포티걸Steve Portigal의 《사용자 인터뷰 : 사용자를 이해하는 진솔한 첫걸음》4을 추천한다.

좋은 인사이트를 얻으려면 시간이 필요하다

그래픽 디자인 소프트웨어의 공유 메뉴를 다시 디자인하는 작업을 한 적이 있다. 당시 나는 연구자, 디자이너와 함께 전문 크리에이터와 아마추어 디자이너까지 다양한 그래픽 디자인 사용자를 인터뷰했다. 우리는 사용자가 게시, 퍼블리시(publish, 시각 그래픽 리소스를 웹 브라우저에서 볼 수 있도록 하는 작업), 공유, 내보내기 등과 같은 단어를 언제 어떻게 사용하는지 알고자 했다.

물론 인터뷰하면서 그들이 사용하는 어휘를 살펴본다고는 이야기하지 않았다. 이걸 밝히면 사용자가 단어를 더욱 신중하게 골라 말할 것이고, 결국 결과가 왜곡될 수 있기 때문이다. 그저 사용자의 작업 흐름을 물어보았고, 그들은 앱으로 작업하는 과정을 들려주었다.

인터뷰에는 시간이 많이 소요되지만, 그 덕분에 매우 귀중한 인사이트를 얻을 수 있었다. 예를 들면 사용자 대부분이 더 공식적이고 완성된 느낌을 주는 '퍼블리시'에 비해 '게시'라는 단어를 더 편하게 사용하고 최종적인 느낌을 덜 준다고 느낀다는 것을 알게 되었다.

그리고 나는 이 인터뷰 결과를 문구에 반영했다.

맥락 조사의 필요성

사용자를 알 수 있는 또 다른 방법은 맥락을 이해하는 것이다. 그러려면 사용자가 있는 곳으로 가서 그 환경에서 사용자가 어떻게 행동하는지 관찰해야 한다. 질문을 할 수도 있지만, 사용자의 세상에서 무슨 일이 일어나는지를 알아보고 관찰하는 것이 핵심이다. 사용자의 행동에 초점을 맞추고 그 행동이 일어나는 환경을 이해하면 제품이 해결할 수 있는 문제와 제품의 활용 방안을 더 명확하게 이해할 수 있다.

이는 제품 전반에 걸쳐 중요하지만, 언어를 다루는 관점에서도 중요하게 작용한다. 다른 사람의 입장이 되어 보면 그들의 요구가 무엇인지 더욱 잘 알게 되기 때문이다.

사용자의 세상을 경험해야 한다

민간 건설 현장의 작업자를 위한 소프트웨어를 디자인하는 팀과 함께 맥락 조사에 나선 적이 있다. 미국과 캐나다에 있는 건설 현장을 10곳 넘게 다니면서 이들이 일하는 환경을 새롭게 이해하게 되었다. 일할 때는 보통 장갑을 끼고, 언제나 보호 장비를 착용해야 했다. 또한 엄청난 고온 작업을 할 때는 땀 때문에 기기가 미끈거리고 보안경 안쪽에 김이 서리기 일쑤였다.

실제로 조사를 위해 현장에 나가려면 나도 그런 보호 장비를 착용하고 집게가 달린 메모판을 들고 다니며 필기해야 했다. 기존의 인터뷰 가이드 대신 양면으로 된 조사표를 만들어서 조사 대상을 한 명씩 관찰하면서 필요한 내용을 기록했다.

우리 팀은 이 조사를 통해 현장에서 쓰이는 제품을 디자인할 때 속도와 사용자 이해도를 가장 우선해야 한다는 점을 깨달았다. 또한 개발 전략의 초점을 현장 작업자를 위한 기능이 아니라 관리자가 현장 팀의 업무 효율성을 높일 수 있게 만드는 기능으로 바꾸었다. 우리가 원래 개발하려던 앱은 업무 환경상 현장 작업자가 사용할 여건이 되지 않았기 때문이다.

시간을 내어 사용자의 환경을 방문하지 않았더라면 이런 통찰력은 절대 얻을 수 없었을 것이다. 이 제품의 전략을 세우면서 끊임없이 힘든 작업 환경을 참고했고, 그러면서 사용자의 요구를 제품에 반영할 수 있었다.

맥락 조사는 어휘와는 큰 관련이 없기는 하다. 그러나 어떻게 UX 라이팅을 할지 알 수 있다는 점에서 유용하다. 사용자가 살아가는 세상을 이해하고 그들에게 도움이 되는 방향으로 어휘를 사용할 수 있기 때문이다.

그림 2.5
민간 건설 현장에서 맥락 조사를 할 때 사용했던 보호 장비와 인터뷰 가이드. 기밀 정보는 흐리게
처리했다.

사용성 테스트에 참여하기

어떤 구현 항목의 세부 사항에서 서로 의견이 갈리고 회의가 오리무중
상태로 접어든다고 느껴질 때가 있다. 그때 "이것이 사용자에게 어떻게 작
용하는지 테스트해 보면 어때요?"라고 말해 보자.

사용성 테스트에는 사용자가 완수해야 하는 주요 작업을 나열하고, 사
용자가 이런 작업을 수행하는 데 소프트웨어를 어떻게 사용하는지 관찰하
며, 사용자가 그 과정에서 한 경험을 설명하는 과정이 포함된다. 이때 시각
적 요소, 상호작용, 문구, 때로는 코드의 성능 등 제품 경험의 모든 측면을
한꺼번에 테스트하게 된다.

UX 라이터가 작성한 문구에 따라 결과가 달라질 수 있는 시나리오를
테스트 대상 작업에 넣도록 한다. 확인 화면, 에러 메시지, 또는 사용자가

제품에 사용된 어휘를 이해해야 하는 상황 등을 포함하는 것이다.

사용성 테스트에 참여할 수 있는 몇 가지 방법은 다음과 같다.

▹ 테스트 세션을 관찰하거나 진행한다. 사용자가 제품을 사용하면서 제품과 상호작용하는 모습을 관찰하는 것으로도 많이 알 수 있다. 테스트를 기획하고 진행하는 법을 배우는 것도 매우 유용하다.

▹ 언어를 메모한다. 사용자가 현재 무엇을 하고, 무엇을 찾는지를 어떻게 설명하는지 듣는다. 이때 메모한 용어를 문구 작성에 반영할 수도 있다.

▹ 정보가 부족한 부분을 파악한다. 사용자가 헷갈리는 순간, 또는 원하는 정보를 찾지 못하는 순간을 유의 깊게 살핀다. 이런 순간은 팀과 함께 디자인을 업데이트할 기회가 된다.

실전 TIP! 콘텐츠 테스트하는 법

사용자가 문구를 어떻게 인식하고 이해하는지 테스트하는 가장 좋은 방법은 인터페이스에서 문구를 완전히 뺀 채 테스트를 진행하는 것이다.

gov.uk 팀의 콘텐츠 디자이너들은 사용자를 중심에 놓고 영국 정부 웹사이트 문구를 작성한다. 이 팀의 테스트 방법은 문구를 출력해서 사용자에게 보여주고, 자신이 편하게 읽을 수 있는 곳에는 녹색, 그렇지 않은 곳에는 빨간색으로 표시하라고 하는 것이다.[5]

우리도 이 기법을 활용하여 제품 인터페이스 문구와 메시지를 테스트했다. 보통은 참여자가 시나리오를 이해할 수 있도록 약간의 설명을 추가한다.

테스트 참여자가 평가해야 할 항목을 바꿀 수도 있다. 예컨대 사용자에게 도움이 되는 부분에는 동그라미로 표시하고, 그렇지 않은 부분에는 밑줄을 그으라고 할 수도 있다. 이 방법은 특히 작성된 문구의 톤을 평가하기에 좋다. 평가 결과를 보면 상호작용에서 그다지 역할을 하지 않는 문구가 무엇인지 파악할 수 있기 때문이다.

후속 질문을 던지는 것은 모든 테스트에서 빼놓을 수 없는 부분이다. 또한 후속 질문에서 가장 도움이 되는 내용을 건지게 될 것이다. 후속 질문으로 던질 수 있는 내용은 다음과 같다.

- ▶ **동기**: 왜 특정 문구가 도움이 되거나 되지 않는다고 말했는지를 물어보면 그림 2.6처럼 미처 알지 못했던 요구를 알게 될 수 있다. 중요한 세부 사항이 빠졌거나 특정한 용어가 사용자가 보기에 혼란스러울 수 있다는 점을 깨달을 수도 있다.
- ▶ **예상**: 사용자에게 다음에 어떤 일이 일어날 것 같은지 물어본다. 작성한 문구를 어떻게 해석하는지, 문구가 사용해도 될 만큼 명료한지 등에 관해 많이 파악할 수 있다.
- ▶ **이해**: UX 라이터가 원하는 결과를 바탕으로 사용자에게 메시지의 점수를 매겨 보라고 한다. 예를 들어 제품의 보이스를 전문적인 것으로 설정했다면, 메시지의 점수를 1점부터 7점(1점은 캐주얼한 보이스, 7점은 전문적인 보이스)까지 매겨 보라고 하는 것이다.

그림 2.6
테스트 후 후속 질문을 하는 것은 테스트에서 가장 중요한 부분이다. 이 예시에서는 사용자가 비용 청구 관련 메시지에서는 정확한 날짜가 중요하다는 점을 말하고 있다.

UX 라이팅은 제품 경험의 핵심이므로 팀과 함께 사용성 테스트를 진행하면 대체로 모든 경우 도움이 된다. 그러나 UX 라이팅에 특히나 유용한 테스트 방법도 있다.

테스트하려는 항목에 따라 적합한 단어를 찾을 수 있는 방법이 다르므로 상황에 따라서 여러 가지를 활용해 보면 된다.

UX 라이터에게 리서치가 필요한 이유

리서치를 하자고 했을 때, 다음과 같은 이유로 반대하는 경우가 많다.

▶ 시간 부족(이 제품을 개발해야 하는 마당에 의견 제시에 시간을 더 쓸 수는 없어!)
▶ 자금 부족(누가 리서치에 돈을 대는데?)
▶ 사용자에 접근 불가(우리는 우리 고객을 엄중하게 보호해야 하니까 고객과 이야기할 수 없어.)
▶ 필요 없음(사용자가 무엇을 원하는지 이미 알고 있어.)

말도 안 되는 이유지만, 이런 이유로 사용자와 그들의 요구를 파악하려는 노력을 멈춰서는 안 된다. 리서치를 건너뛰는 팀의 십중팔구는 더 많은 시간과 돈을 낭비하게 된다.

사용자 중심의 경험을 만드는 일은 직관만으로 되지 않는다. 사용자와 그들의 행동을 이해하면 더 빠르게 사용자에게 적합한 게 무엇인지 찾을 수 있다. 그리고 UX 라이팅 프로세스를 더 효율적이며 효과적으로 만들 수 있다.

그뿐만 아니라, 조사를 기점으로 사용자가 일차적인 이해관계자라는 개념이 구축된다. 이는 모든 팀에 굉장히 중요한 변화 지점이다. 궁극적으로는 사용자에게서 얻은 통찰이 자신을 포함한 그 누구의 의견보다도 우선시되어야 하기 때문이다.

자신에게 맞는 방법을 찾아서

UX 라이팅을 하려고 할 때, 일단 무엇이든 써 보고 싶을 것이다. 그렇지만 이 책은 전략, 리서치, 테스트부터 시작한다. 이것들이 상황에 적합한 문구를 찾는 데 도움이 되기 때문이다. 또한 사용자 경험에 바탕을 두고 UX 라이팅을 하면 문구의 효과를 더욱더 높일 수 있다.

이번 장에서 이야기한 리서치 방법은 빙산의 일각이다. 그렇지만 그것만으로도 버겁다고 느껴질 수 있다. 여기서 다루지 않은 리서치 방법은 그 외에도 많다. A/B 테스트(디지털 마케팅에서 두 가지 이상의 시안 중 최적안을 선정하기 위해 시험하는 방법)와 설문조사 같은 양적인 조사 방법도 있다. 또한 카드 분류(card sorting, 단어가 적힌 카드를 분류하는 것을 통해 정보의 구조를 어떻게 인식하는지 테스트하는 방법)나 트리 테스트(tree testing, 웹사이트에서 어떤 항목의 검색 용이성을 시험하는 방법) 등 정보 아키텍처에 따른 방법을 활용할 수 있다. 이를 통해 사용자가 정리하고 분류하는 방식을 살펴보는 것이다.

전략과 리서치는 이 책에서 이야기하는 유형의 UX 라이팅을 더욱 특수하게 만드는 요소이다. 이 덕분에 누구를 위해 무엇을 써야 하는지 알 수 있게 된다. 또한 UX 라이팅과 디자인 결정에 확실한 근거를 제공한다.

3장

명확한 UX 라이팅

3

글을 쓰는 많은 사람이 열거용(또는 옥스퍼드(Oxford)) 쉼표에 관해 저마다 의견을 달리한다. 잘 모르는 독자를 위해 설명하자면, 나열된 여러 항목의 마지막에 '그리고'라는 단어가 나오기 전에 붙는 쉼표이다. 예를 들면 '이 책은 UX 라이팅, 디자인, 그리고 사용자 경험을 다룬다.'라고 하는 것처럼 말이다.

주요 글쓰기 스타일 가이드에서도 저마다의 입장이 확고하다. (《AP 통신 스타일북Associated Press Stylebook》에서는 쉼표를 사용하지 말라고 하지만,《시카고 스타일 매뉴얼Chicago Manual of Style》에서는 쉼표를 사용하라고 한다.) 글 쓰는 사람 중에는 자신이 어느 입장인지 트위터 프로필에 써 놓는 일이 흔하다.

쉼표 사용을 주장하는 사람은 "열거용 쉼표가 없으면 혼란스러울 것이다! 열거된 항목을 제대로 파악할 수 없게 되기 때문이다!"라고 말한다. 그러면서 자신의 책을 '우리 부모님, 비욘세Beyoncé와 신'에게 헌정한다는 어느 작가의 예시를 든다.

그러면 쉼표 사용 반대파가 등판한다. "그러니까 맥락에서 단서를 찾는 것 아닌가! 누가 신을 그 작가의 실제 부모라고 생각하겠는가! 게다가 이 문장은 '신, 비욘세와 우리 부모님'으로 순서를 바꿀 수도 있다! 열거용 쉼표는 중복이므로 필요 없다! 문장은 간결해야 한다!"라고 주장할 것이다.

주관적인 사항에 관해 양측의 주장이 서로 팽팽하면, 답은 그 중간쯤에 존재하기 마련이다. 맥락은 중요하다. 정확성이 생명인 법률 문서를 작성한다면 쉼표는 소송의 승패를 좌우하는 요소가 될 수 있다.

신문 기사를 쓴다면 게재 공간이 정해져 있고 단이 좁으므로 쉼표가 필요 없을 수도 있다. 따라서 신문은 간결함을 중시하는《AP 통신 스타일북 Associated Press Stylebook》을 따른다.

열거용 쉼표 사용 여부보다는 이 쉼표가 전달하려는 메시지를 얼마만큼 명확하게 만드는지가 훨씬 중요하다. 그리고 메시지가 얼마나 명확해지는지 알려면 메시지의 맥락을 이해해야 한다.

우리는 무엇을 써야 하는가

본인이 속한 팀이 열거용 쉼표를 놓고 열띤 토론을 벌이는 사람보다 문구에 신경 쓰지 않을 수 있다. 그러나 모든 사람이 문구의 역할을 제대로 이해하도록 하는 것이 매우 중요하다.

이전에는 광고 카피라이터가 디자이너, 어카운트 이그제큐티브(Ac

그림 3.1
1960년 폭스바겐 비틀(Volkswagen Beetle)의 광고이다. 여기서 독자의 시선과 흥미를 끄는 데 가장 큰 역할을 하는 것은 카피이다.

count Executive, 광고대행사와 광고주 사이의 연락 및 기획업무를 담당하는 대행사의 책임자)와 함께 제품의 가치 제안이나 핵심 메시지를 종합하여 카피로 만들었다. 그리고 재치 있는 태그라인(Tagline, 기업, 기관, 브랜드 등에 꼬리표처럼 따라붙는 함축적 단어나 짧은 문구), 즉 독자의 눈길을 광고로 끌어들이는 문구가 제일 중요하게 여겨졌다(그림 3.1 참조).

그렇지만 디지털 인터페이스 문구를 작성할 때 고려해야 하는 것은 위의 내용과 전혀 다르다. 사용자 교육을 목적으로 하는가? 사용자가 더 많은 기능을 시험해 보도록 흥미를 자극하려 하는가? 프리미엄 서비스로 업그레이드하게 만들려 하는가? 아니면 복잡한 기능을 단순하게 만들려 하는가?

명확성 제공하는 법

UX 라이팅은 디자인이므로 사용자에게 명확성을 제공하는 것을 일차적인 목표로 삼아야 한다. 명확한 UX 라이팅은 사용자가 제품에서 어떤 일이 일어나고 그것이 사용자에게 어떤 의미인지 이해하도록 돕는다.

사용자에게 명확성을 제공하기 위해서는 우선 팀의 명확성부터 찾아야 한다.

만약 자신의 머릿속이 여러분의 제품 및 프로젝트에 관한 의문으로 가득 차 있다면, 혼란스러울 것이다. '내가 무엇을 위해 글을 쓰고 있는 거지?', '다른 사람은 자신이 무엇을 만드는지 제대로 알고 있지 않을까?'라는 생각이 들면서 말이다.

이렇게 말하면 놀랄지도 모르겠지만, 십중팔구 다른 사람도 잘 모를 것이다. 물론 자신이 개발하는 기능이나 어떤 인터페이스를 단순화하고 있는지 등은 알 것이다. 그러나 특히 기업 소프트웨어의 경우, 프로젝트 리드(project lead, 프로젝트를 담당하여 관리하는 사람)조차 웹사이트나 애플리케이션의 전체적인 그림을 다 이해하지 못할 때가 많다.

그렇지만 글은 명확성을 촉진하는 경향이 있다. 다음은 UX 라이팅을 할 때 필요할 수 있는 몇 가지 사항을 예시로 든 것이다. 여기에는 제품을 더욱 명확하게 이해하기 위해 할 수 있는 질문도 포함했다.

- ▷ 시작 화면 및 온보딩: 사용자가 누구인가? 사용자가 이 제품에 관심을 가져야 하는 이유는 무엇인가? 이 제품이 어떻게 사용자의 삶을 개선하는가? 어떤 문구가 헷갈리게 만드는가?
- ▷ 결제 시스템: 첫 번째 결제가 언제 발생하는가? 언제 결제가 갱신되는가? 어떤 결제 방식을 사용할 수 있는가?
- ▷ 알림: 이 알림의 목표는 무엇인가? 팀은 무슨 기준으로 평가되는가? 이것이 사용자에게 어떤 도움이 되는가?

모두가 속으로 이런 질문을 하지만, 가장 처음으로 질문을 던지는 사람이 UX 라이터일 때가 꽤 있다. 제대로 이해하지 않고서 무언가에 관한 문구를 쓰기는 어렵기 때문이다. 명확성은 UX 라이터의 업무에도 필요하지만 팀과 사용자에게도 도움이 된다.

디자인팀은 스케치Sketch나 어도비 XDAdobe XD 같은 소프트웨어로 자신이 디자인하는 것을 보여준다. 이런 툴은 좋긴 하지만 디테일에 발목을 잡히기도 쉽다. 슬라이더로 버튼의 모서리를 둥글게 처리하거나 컬러 피커 (Color picker, 그래픽 소프트웨어에서 색을 선택하기 위한 도구)로 원하는 색조의 파란색을 정확하게 선택할 수 있다. 그러나 어떤 작업을 하는지, 그 작업이 왜 중요한지 알 수 있는 옵션은 없다. 이는 아무것도 그려지지 않은 흰 도화지와 같다. 바로 이 부분을 글이 채워주어야 한다.

명확성 부족은 팀 구성원을 힘들게 할 뿐만 아니라 큰 대가를 치르게 만든다. 해결하려는 문제를 모두가 다르게 이해한다면 불필요한 기능을 만들거나 며칠 있다가 웹페이지를 수정하게 되는 사태가 발생한다.

어떤 버튼의 문구를 작성하거나 제품의 보이스와 톤 가이드라인을 수립하기 전에, 세상에서 가장 평가절하되었지만 가장 효과적인 디자인 도구인 문서 편집기*를 사용한다.

우선 쓰기부터 시작한다. 제품의 보이스나 톤, 기타 여러 제한 사항에 관계없이 작성해 본다.

해당 인터페이스에서 사용자에게 무엇을 말해야 하는지 자세하게 써 본다. 그러면 인터페이스가 어떻게 작동하는지 더 잘 이해할 수 있다. UX 라이팅은 의미를 파악하는 핵심 열쇠가 된다. 이 때문에 UX 라이팅은 다양한 관점, 의제, 기호를 가진 프로젝트 구성원들이 동일한 이해를 갖추게 만드는 가장 강력한 수단이 될 수 있다.

문구는 양날의 검이다

문구에 초점을 맞추지 않은 채 디지털 제품을 디자인하면 사용자에게 보내는 메시지를 생각하지 않게 되기 쉽다. 인터페이스의 문구에 책임을 진다는 것은 사용자의 행동을 조작하는 방식의 문구, 잘못된 정보, 전문 용어가 사용되는 일을 방지한다는 것을 의미한다. 의도적으로 언어에 관해 생각한다는 것은 언어의 윤리적 영향력을 사고한다는 것이기도 하다. 이는 언어가 어떻게 누군가를 배제할 수 있는지에서부터 어떻게 언어를 사용해서 행동에 영향을 미치는지까지 포함한다.

사라 와터 보에처는 저서 《따지고 보면 틀렸다: 성차별적 앱, 편향된 알고리즘, 기타 유해 기술의 위협Technically Wrong: Sexist Apps, Biased Algorithms, and Other Threats of Toxic Tech》에서 스마트 체중계 사례를 이야기한다. 이 체중계는 올라가서 체중을 잴 때마다 자동으로 이메일을 보낸다. 몸무게가 전보다 많이 나갈 때 이 제품이 기본적으로 보내는 메시지는 실망감이 묻어나지만 격려도 잊지 않는다. "이번에 X 킬로그램이 늘었네요. 다음엔 더

---

* 마이크로소프트 워드(Microsoft Word) 또는 구글 독스(Google Docs) 등의 워드프로세서를 쓸 수 있다. 그러나 윈도우(Windows) 메모장이나 애플(Apple)의 텍스트에디트(TextEdit) 앱 같이 기본적인 텍스트 기능을 지원하는 앱을 사용하는 것이 좋다. 문서 형식에 신경 쓰지 않는 것이 중요하다. 그냥 쓰기만 하면 된다.

낮아질 거예요!"

체중을 감량하려는 사람에게는 아무런 문제가 없는 메시지이다. 해가 없다고도 할 수 있다. 그런데 거식증이 있거나 어린이, 혹은 체중을 늘리려는 사람이 대상이라면 어떨까? 이런 메시지는 기분만 상하게 만들뿐더러 최악의 경우 사용자에게 부정적인 영향을 줄 수도 있다.

분명 누군가가 이 이메일을 작성했을 것이다. 이 과정에서 어떤 단어를 사용할지만이 아니라 사용자가 이해하는 언어 체계에 부합하는지도 포함하여 전체적으로 살펴봤다면 어땠을까. 그랬다면 기업에서 예상했던 사용자 경험의 범주에서 벗어나는 경우를 파악할 수 있었을 것이다. 물론, 작성자가 이런 함축적인 의미를 모두 이해했더라도 그런 우려 사항을 제기하거나 진행 중인 프로젝트의 방향을 변경하기 어려운 조직 구조일 수도 있다. 규모가 크고, 사일로(silo, 원래는 곡식, 무기 등의 독립된 저장고를 의미하나 경영 분야에서는 조직 내에서 외부와 소통하지 않는 부서를 의미함)화 된 조직은 관료주의적이며 프로세스를 중시하는 경향이 있다. 그리고 아래로부터의 전략 변화에 능한 편이 아니다. 이런 경우 UX 라이터가 위와 같은 우려 사항을 제대로 제기할 수 없었을 것이다.

따라서 프로젝트가 아직 시작된 지 얼마 되지 않았고 변화 가능성이 있을 때 가능한 한 일찍부터 문구와 관련하여 팀과 협업하는 것이 중요하다. 화이트보드나 워드 문서에 문구 혹은 제품 메시지를 써놓고 이리저리 바꾸는 것이 인터페이스에 코딩이 된 상태에서 변경하기보다 훨씬 쉽기 때문이다.

UX 라이팅은 인지의 영역

문구를 명확하게 작성하는 일도 어렵지만, 진정한 난관은 만들려는 사용자 경험 전반에 걸쳐 끊임없이 명확성을 유지하는 것이다.

사용자 경험 연구 기관인 닐슨 노만 그룹Nielsen Norman Group에서는 사용자 인터페이스 디자인의 10대 주요 사용성 휴리스틱(heuristic, 넓게 보면 스스로 무언가를 학습하는 기법을 의미)을 제시한다. UX 라이터가 명심해야 할 한 가지 휴리스틱은 '기억보다 인지'라는 것이다. 즉, 사용자가 사용할 수 있는 개체, 작업, 옵션을 단순하게 만들어 기억할 필요가 없도록 하는 것이다. 그리고 이를 가장 잘 구현하는 아마도 유일한 방법이 바로 (인용문처럼) UX 라이팅을 활용하는 것일 테다.

닐슨 노만 그룹의 연구는 기억 인출, 특히 기억과 인지의 개념을 더욱 심층적으로 파고든다.

▷ 기억은 뇌가 기억에서 정보를 가져오는 데 사용하는 프로세스로, 사용자 이름, 비밀번호, 웹 주소, 기타 주관적인 메시지를 기억하는 방식이다.

▷ 인지는 기억과 달리 수많은 명시적인 단서로부터 정보를 도출하여 결정을 내리는 데 도움을 준다. 대표적인 예가 명확한 행동을 지시하는 버튼이나 메뉴 항목 리스트이다. 각각의 요소는 사용자가 인터페이스 내에서 옵션을 인지하고 결정을 내리며 자신의 목표를 달성하는 데 필요한 힌트를 제공한다.

어떤 영역에서는 '삭제'라고 작업의 이름을 붙이고, 다른 영역에서는 '지우기'라고 했을 경우를 생각해 보자. 두 단어 모두 같은 작업을 가리키는 것일 수 있지만, 사용자는 일단 하려던 작업을 멈추고 한 번 더 생각하게 된다. 문구 하나를 (이 문구를 선정한 근거와 함께) 정해서 일관되게 사용하면 사용자는 문구를 볼 때마다 어떤 작업인지 인지하기 쉬워질 것이다. 이와 함께 사용자는 해당 작업을 마지막으로 사용했던 기억의 도움을 받는다.

눈에 보이는 레이아웃과 외관도 인지에 중요한 역할을 하지만, 인터페이스에 사용되는 문구가 훨씬 더 중요하다. 문구가 명확하고 간결할수록 사용자가 자신이 이해하는 범주와 자신의 경험을 바탕으로 다음 단계로 나아가도록 힌트를 줄 수 있다.

이해하기 쉬운 문구 쓰기

사용자를 위해 단순하게 만드는 것은 상당히 어려운 도전이다. 그런 도전에 기꺼이 나선 사람이 바로 드롭박스(Dropbox, 샌프란시스코에 있는 클라우드 서비스 및 크리에이티브 툴 판매 소프트웨어 기업)의 제품 디자이너 존 사이토 John Saito이다. 여느 UX 라이터와 마찬가지로 사이토도 로컬라이제이션(localization, 현지화) 라이터, 지원 문서 작성자, UX 라이터 등 여러 직함을 달고 일했다. 그는 UX 라이터로 일하던 초기에 스티브 크룩Steve Krug의 《(사용자를) 생각하게 하지 마!》를 읽었다.

사이토는 "이 책이 문구에 관한 제 생각을 완전히 바꿔놓았어요."라고 말했다. 그러면서 "이 책의 핵심은 가능한 한 사용자가 덜 생각하고 덜 읽게 만들어야 한다는 거예요. 그것이야말로 유일하게 사람들이 내용을 읽고 소화할 수 있는 길이라는 거죠. 이 내용을 언제나 명심하고 있습니다."라고 덧붙였다.

이후 그는 사용하는 단어의 수와 사용자에게 한꺼번에 제시되는 선택지의 수를 줄이고자 부단히 노력했다.

"UX 라이터로서 스스로 어떤 문구를 보고 2초 넘게 생각해야 하면 그 문구는 적합하지 않죠."

사이토는 대학 시절 인지 과학을 공부하며 사람들이 세상을 사고하는 방식을 탐구했다. 곧 그는 저명한 인지언어학자인 조지 레이코프George Lakoff의 수업을 듣고 언어의 비유라는 개념을 파고들었다.

"알고 보니 우리가 세상을 이해하는 방식이 거의 다 비유를 통한 것이더라고요."라면서 사이토는 "우리가 사용하는 언어를 면밀하게 연구하다 보면 비유로 이어진다는 것을 알게 됩니다."라고 말했다.

그러면서 그는 디자인에서는 모든 것이 메타포metaphor라고 했다.

"클릭, 탭, 스와이프(swipe, 손가락 등으로 미는 행위) 등 우리가 사용하는 제스처는 우리가 모두 현실에서 하는 동작을 빗댄 겁니다. 그리고 아이콘도 마찬가지죠. 저장에는 플로피 디스크 모양을 씁니다. 복사하기나 붙여넣기도 그래요. 모두 메타포입니다."

문구도 마찬가지다. 사이토가 말했듯, '수신함'이나 '타임라인' 같은 용어, '복사' 및 '붙여넣기'와 같은 작업에도 비유를 쓴다. 포토샵 같은 제품은 대부분이 메타포로 이루어져 있다. 포토샵은 암실에서 사진을 현상하고 책상에서 편집하는 것에 뿌리를 둔 사진 편집 및 합성 도구들을 제공한다.

NOTE: 존 사이토가 말하는 메타포

메타포는 사용자가 제품을 이해하는 데 도움을 준다. 사이토는 메타포를 개발할 때 명심해야 할 것이 있다고 말한다.

- 사용자가 하려는 일을 이 메타포가 묘사하고 있는가?
- 사용자를 생각하게 하지 않는가? 즉, 이 메타포가 모든 사람이 이해할 정도로 보편적인가, 아니면 특정 사용자층에만 국한되는가?
- 내부적으로 일관성이 있는가, 아니면 제품에 사용된 다른 용어 및 작업과 충돌하는가?

이런 메타포는 대상으로 하는 사람이 원래의 개념을 바탕으로 이해할 수 있다면 문제가 없다. 어떤 용어는 자신의 생명력을 갖게 된다. (현대인 대부분이 진짜 다이얼이 있는 회전식 전화기를 사용한 적이 없는데도 여전히 전화 '다이얼'을 누른다고 이야기한다.) 그런가 하면 어떤 메타포는 시간의 흐름에 따라 의미를 잃어간다. (오늘날 많은 사용자는 플로피 디스크를 본 적이 없으며, 왜 그 모양이 '저장'을 의미하는지도 모른다.) 또한 어떤 제품은 기존의 메타포를 뛰어넘어 진화하여 내부적으로 일관성이 없게 된다. (포토샵의 '힐링 브러시 툴'은 지능적인 알고리즘을 활용하여 이미지의 일부 요소를 지울 수 있다. 이는 아날로그 사진관에서 수행하던 기능을 뛰어넘은 것이다.)

메타포가 행동에 미치는 영향

많은 경우에 메타포는 사용자에게 도움이 되지만, 이 점이 일을 더 어렵게 만드는 때도 있다. 음성비서와 챗봇은 대화 방식을 활용하여 작동한다. 이는 곧 사용자가 인터페이스를 대하는 방식을 고려하여 추가 기능을 디자인해야 할 수도 있음을 의미한다.

그림 3.2는 내가 디자인했던 초기 구어체 인터페이스를 보여준다. 이 챗봇은 사용자에게 인사를 건네고 필요한 것이 무엇인지 물었다. 인간이 채팅으로 지원 서비스를 제공하는 경우 쓰일 법한 메시지였다. 사용자도 예의상 인사를 건넸다. 그러나 챗봇은 사용자가 자신이 해결해야 할 문제를 이야기할 것을 기대했다. 이 상황은 이런 유형의 반응이 나오지 않고

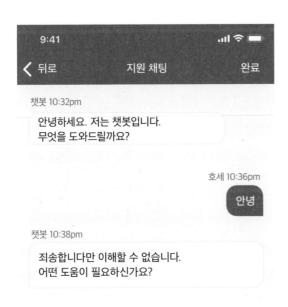

그림 3.2
이 챗봇은 사용자가 자신이 해결해야 할 문제를 설명하기를 기대했지만, 구어체로 만든 결과 사용자가 인사를 건네게 되었다.

더 신속하게 사용자를 지원하도록 새로운 대화 시작 멘트를 디자인해야 함을 의미했다.

이 경우 대화라는 메타포가 사용자의 행동을 바꾸었다. 따라서 이 기술로 가능한 범위를 지나치게 넘어서지 않도록 해야 했다.

정확성과 간결성 사이의 균형 찾기

복잡한 제품을 개발하는 경우, 복잡한 메시지와 수많은 제약 사항과 조우하기 마련이다. 전에 소셜 네트워킹 앱의 검색 결과 페이지 작업을 한 적이 있다. 내가 전달받은 지침에 따르면 검색 결과의 특정 영역에 아래 조건에 해당하는 사람의 프로필이 표시될 예정이었다.

다음은 당신의 질의에 일치하는 사람의 프로필 유형입니다.
▶ 친구
▶ 친구의 친구
▶ 친구 또는 친구의 친구가 좋아하거나 댓글을 남긴 게시물의 작성자

그리고 부딪친 제약 사항은 이 내용을 표시할 공간이 스마트폰 화면 기준으로 한 줄밖에 되지 않는다는 사실이었다. (게다가 번역을 위해 전체 너비의 30% 이상을 여유 공간으로 두어야 했다.)

이건 불가능한 일이었다. 나는 이 지침과 제약 사항을 보자마자 전체적인 뉘앙스를 단 4~5 단어로 압축해서 전달할 수 없으리라 생각했다. 몇 번의 퇴고와 머리에 쥐가 날 정도의 UX 라이팅 과정 끝에 다음과 같은 문구를 완성했다.

'당신과 연결된 사람'

당시 나는 이것이 현 상황에서 최선이라고 생각했다. 원래 내용에 있던 많은 뉘앙스가 빠지기는 했지만, 개괄적으로 표현한다고 하면 이대로도 충분했

그림 3.3

정확성과 간결함 사이의 적절한 균형을 찾아야 할 때가 많다. 그리고 이는 서로 간의 충돌로 이어질 때도 있다. 위 예시는 적합한 메시지를 찾기 위해 정확성과 간결함을 갖춘 메시지를 다양하게 작성해 본 것이다.

다. 그래서 이 문구를 제출했다. 문구는 간결했고, 주어진 공간에도 딱 맞았다.

해당 문구에 관한 이야기는 더는 들을 일이 없었다. 어떤 엔지니어가 연락할 때까지는 말이다. 이 엔지니어는 해당 기능을 만들고 있었는데, 이 문구에 크게 반대했다.

그녀는 "지금 이 문구는 모듈의 기능은 아무것도 설명하지 않아요! 더 정확하게 할 필요가 있습니다."라고 말했다.

나는 "이 모듈은 원래도 너무 복잡해요. 그리고 그렇게 짧은 텍스트로는 정확한 기능을 다 담을 수가 없어요! 문구를 간결하게 가던가, 기능을 단순화해야 합니다."라고 맞받아쳤다.

토론은 지지부진했다. 이는 카피로 적절하게 표현하기에는 메시지가 너무 복잡하고, 제약 사항을 따르자니 메시지가 너무 많이 손실되는 것을 보여주는 극단적인 사례이다(그림 3.3은 간결함과 정확성 사이의 균형을 찾기 위해 메시지들을 스펙트럼으로 나타낸 것이다).

이런 상황은 문구만으로는 해결할 수가 없다. 그래서 원점에서 이 모듈이 원래 무엇을 위한 것인지 다시 검토했다. 이 모듈은 출시되지 않았다. 그러나 결국에는 더욱 간소화되고 직접적인 기능을 갖춘 독립적인 모듈로 진화했다.

보는 사람에 따라 달라지는 명확성

당연한 얘기라고 생각하겠지만, 대상이 이해할 수 있는 언어를 사용하는 것은 매우 중요하다. 사용자를 UX 라이팅 과정의 중심에 두어야 한다. 인터페이스에 들어갈 언어를 구성할 때는 특히나 더 그렇다. 2장 '전략과 리서치의 힘'에서 설명한 방식 외에도 더 많은 리서치 방법이 있다.

▶ 온라인 검색: 온라인에서 사용자를 찾아보면 그들이 어떻게 커뮤니케이션하는지에 관한 정보를 풍부하게 찾을 수 있다. 자신의 소프트웨어를 사용하는 사용자가 특정 페이스북 그룹에 모여 있는 것을 발견할 수도 있다. 모바일 앱을 개발하고 있다면 리뷰를 확인해서 사용자가 제품에 관해 어떻게 이야기하고, 어떤 목적으로 제품을 사용하는지 볼 수 있다.[1]

▶ 검색어 분석: 제품이나 사이트에 검색 기능이 있다면 사람들이 검색하는 내용을 분석해 본다. 이는 사용자가 쓰는 언어를 이해하는 데 도움이 될 뿐만 아니라 제품 내 개선이 필요한 부분을 파악하는 데 유용하다. 그리고 많은 경우, 상위 검색어는 사용자 대다수가 무엇을 찾고자 하는지를 반영한다.[2]

▶ 커뮤니케이션 분석: 대기업에서 일한다면 콜 센터 기록이나 지원 티켓 등에서 사용자의 언어에 관한 정보를 찾을 수도 있다. 이런 팀과 관계를 맺고 해당 팀에서 데이터를 공유할 수 있는지 타진해 본다. 이 데이터를 분석하면 가장 많이 나타나는 패턴을 파악하게 될 것이다. 그렇게 찾아낸 내용을 UX 라이팅에 적용할 수 있다. 데이터 과학자와 협업할 수 있다면 이런 상황에서 천군만마와도 같을 것이다.

▶ 동료 직원: 일하는 조직에 따라 고객과 일상적으로 커뮤니케이션하는 팀이 하나 또는 둘 정도 있을 수 있다. 그런 팀이 영업팀이거나 고객 지원팀일 수 있다. 어느 쪽이든 간에 이런 팀의 직원과 이야기하면 해당 팀원은 자신이 존중받는다고 느낄 뿐만 아니라, 사용자와 그들의 언어에 관해 기꺼이 알려줄 것이다.

이런 고객 데이터를 활용할 경우, 윤리적으로 사용해야 한다. 관련된 사람의 이름이나 개인 정보를 알 필요는 없다. 사용자 정보를 수집하되, 개인을 염탐하지는 말아야 한다.

이 단계는 매우 중요하다. 사용자가 사용하는 언어와 팀에서 쓰려고 했던 언어가 상당히 다르다는 것을 알게 될 수 있기 때문이다. UX 라이터는 팀이 사용자의 관점에서 바라보도록 도울 수 있다.

쉬운 언어를 사용하는 법

제품이 일반 대중을 위한 것이라면 쉽게 이해할 수 있는 언어를 사용하는 것이 가장 좋은 방법임을 알게 될 것이다.

그렇지만 이는 보기보다 어렵다. 자신이 일하는 회사가 엄청나게 사용자 중심 문화를 가진 것이 아니라면(그랬다면 거의 모든 회사가 사용자 친화적이 되었을 것이다) 비즈니스, 소프트웨어 개발 관련 전문 용어로 된 성에 갇히기 쉽다. 문제가 해결(실제로 사람들이 서로 "문제를 해결한다."라고 말하는가?)되었는지 묻는 고객 서비스 시스템에서부터 작성한 사람한테나 의미가 있는 기술적인 에러까지, 쓰이는 언어를 더욱 이해하기 쉽고 단순하게 만들 수 있는 여지는 대단히 많다.

어쩌면 유행어나 "~하기 시작하세요."라던가 "이때에는~" 등의 의미 없이 공간을 채우는 말이 쓰이지 않도록 애를 썼을지도 모른다. 그렇지만 그 외에도 사용자가 보기에 전혀 이해가 가지 않는 용어나 표현이 너무 많다.

닐슨 노만 그룹의 사용성 연구에 따르면 쉬운 언어를 사용하는 것이 모든 사용자에게 도움이 된다.

▶ 간결하므로 사용자가 개념을 빠르게 이해할 수 있다.
▶ 영어(또는 작성 언어)를 제2외국어로 사용하는 사용자도 이해할 수 있다.
▶ 사용된 문구로 검색이 수월해지고 검색 엔진 최적화(SEO, Search Engine Optimization, 검색 엔진에서 검색했을 때 상위에 나타나도록 관리하는 것)를 개선한다.

위의 사항은 제품 마케팅과 온보딩 경험에서 문구를 단순화하도록 마케터와 의사결정권자를 설득하는 데 도움이 된다.

이 세상에는 매우 다양한 소프트웨어가 있고, 앱에 따라 쉬운 언어의 경계도 크게 달라진다. 건설 장비 구매 담당자와 같이 상당히 전문적인 대상을 상대로 디자인하는가, 아니면 이벤트 티켓 예매 앱처럼 일반 대중을 상대로 디자인하는가? UX 라이팅 관련 팀이 조직 내에서 새로 생겼거나, 본인이 속한 팀이 UX 라이팅이라는 분야의 전문성을 깊이 파고들 여력이 없다면(대부분이 그러니 이 부분은 걱정하지 말자), 사용자가 어떤 언어를 쓰고 어떻게 이해하는지 잘 모를 수 있다.

참고하기: 미국 정부의 쉬운 언어 사용

믿기 어렵겠지만, 쉬운 언어로 쓰기를 가장 잘하는 곳은 바로 정부이다. 2010년에 미국 연방 정부는 쉬운 문서 작성에 관한 법Plain Writing Act을 제정하면서 쉬운 문서 작성을 다음과 같이 정의했다.

> 명확하고 간결하며 구조가 잘 짜여야 하고, 대상이나 분야 및 의도하는 대상에 적합한 기타 모범 사례를 따르는 것

이와 함께 모든 정부 기관에서 지침에 따라 쉽게 문서를 작성할 것을 의무화한 것을 눈여겨보아야 한다.

쉬운 문서 작성과 관련하여 다양한 정부 기관과 행정부에서 저마다의 성과를 냈지만, 쉬운 문서 작성을 기관 DNA에 새겨 넣은 곳이 있다.

18F는 미국 정부의 총무청General Services Administration 소속 조직이다. 여기서는 정부에 훌륭하고 유용한 디지털 제품을 제공한다는 사명 아래 제품을 개발하고 다른 기관과 협업하며 임무를 수행한다. 뛰어난 제품을 만드는 것 외에도 표준과 지침을 작성해 출판한다. '18F 콘텐츠 가이드라인18F Content Guidline'은 정부 외에도 많은 제품과 기업에도 도움이 될 수 있는 문서이다.

이 가이드 중 "간단하게 만드는 데 온 힘을 다하라."는 정말 강렬한 최고의 지침으로, 모든 문구 작성 업무의 기본 원칙으로 삼을 만하다.

지침에서 어떻게 이를 설명하는지 살펴보자.

> 독자가 읽으면서 이해할 수 있도록 한다. 지침이나 프로세스를 개별 단계로

나누어 설명한다. 일상 대화에서 사용하는 단어로 짧고 간결한 문장을 작성한다. 앱이나 웹사이트에서 보이는 이동 라벨, 버튼, 메뉴 등을 인용한다. 작성하면서 철자나 대/소문자를 확인한다. 구체적으로 작성한다.

이에 따르면, 다음 문장보다는
"새 회의 초대장을 엽니다."
다음 문장을 쓰는 것이 좋다.
"구글 캘린더에서 '만들기'를 선택합니다."

페이스북의 경우 사용하는 언어를 최대한 간단하게 만들기 위해 엄청난 노력을 기울인다. '페이지', '그룹', 복잡한 경우 광고에서 쓰는 용어인 '전환'과 '참여'처럼 페이스북 생태계의 핵심 요소에 붙이는 이름만 봐도 이를 알 수 있다. 이런 방식을 택한 것은 충분히 이해가 간다. 페이스북의 경우 매월 200억 명의 적극 사용자가 있고, 페이스북은 100개가 넘는 언어로 번역 및 현지화가 되기 때문이다.

그렇지만 한 가지 주의할 점이 있다. 사용자 업계에서 널리 사용되는 전문 용어를 UX 라이팅에 활용해야 한다. 2장에서 이야기한 것처럼, 리서치는 전문가가 어떻게 말하는지 알아보는 좋은 방법이다. 전문가와 짧은 시간 동안 그들의 업무에 관해 이야기를 나누는 것만으로도 그들을 위한 제품을 개발하는 UX 라이터와 디자이너에게는 큰 도움이 되기도 한다.

이 문제를 해결하는 가장 좋은 방법은 간결하게 작성한 카피를 프로토타입과 함께 실제 사용자에게 보여주는 것이다! 그러면 그 메시지가 사용자에게 혼란을 주는지, 충분히 이해하고 다음 단계로 넘어갈 수 있는 맥락적인 힌트를 주는지 금방 알 수 있다(이는 사용자 테스트에 관한 부분에서 더 자세히 설명하겠다).

전문 용어를 사용해야 하는 경우도 있다

쉬운 언어를 사용하는 것은 언제나 옳은 방향이지만, 예외는 있다.

한번은 기계를 모델링하여 엔지니어가 만들려는 부품의 크기를 정하고 선택하는 데 도움을 주는 소프트웨어를 디자인했다.

예를 들면, 이 소프트웨어는 토마토를 경사면을 통해 이동시키면서 세척한 후 상자에 넣고 라벨을 붙이는 기능을 하는 컨베이어 벨트를 만드는 데 도움을 줄 수 있다. 엔지니어는 소프트웨어에 경사각, 컨베이어 벨트의 부하, 필요 속도 등의 인수를 소프트웨어에 입력하고, 그다음에 이를 만드는 데 적합한 모터와 드라이브의 크기를 입력한다.

이 경우, 부하가 경사에 어떻게 영향을 미치는지, 혹은 그런 용어가 무슨 뜻인지 설명하는 내용을 인터페이스에 넣는 것은 합리적이지 않다. 그랬다면 업무 중에 이 툴을 사용하면서 작업 속도가 느려지기만 했을 것이다. 이 인터페이스는 사용자 외에 다른 사람은 이해하기가 어려웠다. 그렇지만 엔지니어가 필요한 부품의 크기를 빠르고 쉽게 정할 수 있도록 도와주는 역할을 했다.

실전 TIP! 확인 메시지 명확하게 수정하기

STEP 1: 텍스트에 포함된 정보 정리하기

회사가 소프트웨어 액세스를 사용자에 할당하는 데 사용하는 인터페이스의 경고창을 살펴보자. 이 시나리오에서 관리자는 사용자가 자신의 업무를 공개적으로 공유하는 링크를 사용하지 못하도록 기능을 끄려고 한다. 회사의 개인 정보 처리 방침이 바뀌었거나 어떤 직원이 공유해서는 안 되는 링크를 공유해서 회사가 이를 단속하려고 했을 수 있다. 그러나 이 공개 링크 공유 기능을 끄면 이전에 공유되었던 링크에도 이 변경 사항이 적용되어 링크 공유가 꺼진다는 사실은 모를 수 있다. 그림 3.4는 관리자에게 기능을 껐을 때 어떤 일이 발생할 수 있는지 알리는 메시지가 담긴 경고창이다.

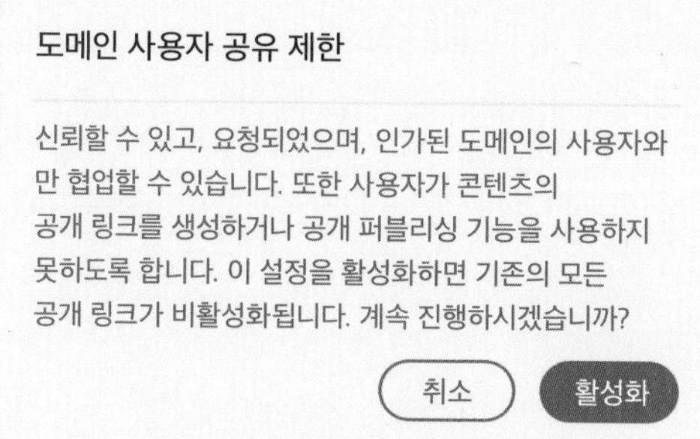

도메인 사용자 공유 제한

신뢰할 수 있고, 요청되었으며, 인가된 도메인의 사용자와
만 협업할 수 있습니다. 또한 사용자가 콘텐츠의
공개 링크를 생성하거나 공개 퍼블리싱 기능을 사용하지
못하도록 합니다. 이 설정을 활성화하면 기존의 모든
공개 링크가 비활성화됩니다. 계속 진행하시겠습니까?

(취소)   (활성화)

그림 3.4
기업 소프트웨어 대화창
의 예시이다. 회사의 관리
콘솔에서 관리자에게 역
할 권한을 변경하면 발생
할 수 있는 사항을 설명하
고 있다.

내용이 너무 많다. 이 경고 메시지를 더욱 효과적으로 만들고 사용자의 인지
부하도 줄이는 방향으로 편집해 보자. 복잡한 메시지이지만, 포함된 정보 단위로
카피를 나누는 것부터 시작하면 된다. 이렇게 하면 이 메시지가 전달하려는 내용,
즉 가장 중요한 내용이 무엇인지 잘 알 수 있다. 머릿속으로 이미 작업을 진행하
고 있겠지만, 종이에 적어본다.

> 지금 하려는 작업으로 조직 내 사용자의 공유가 제한될 것이다.
> ▸ 사용자는 ('도메인'으로 표현되는) 승인된 특정 조직의 구성원과
>   만 공유 및 협업을 할 수 있다.
> ▸ 사용자는 업무의 공개 링크를 만들 수 없게 된다.
> ▸ 이 기능을 켜면 모든 공개 링크가 비활성화될 것이다.
> ▸ 그래도 이 작업을 하겠는가? 예/아니요

이제 편히 앉아서 메시지를 곰곰이 생각해 본다. 그리고 확인 대화창에 넣으
려고 하는 모든 메시지를 천천히 훑어본다.

STEP 2: 흐름 이해하기

UX 라이팅도 디자인이므로 이 메시지만 별도로 편집해서는 안 된다. 사용자
가 어디로 들어와서 어떻게 해야 이 메시지가 나타나는지 전체적인 맥락을 좀 더
알아야 한다. 이 메시지의 프로토타입이나 디자인 파일에 접근할 수 없다면, 함께

일하는 디자이너나 프로덕트 오너에게 권한을 달라고 요청한다. 메시지가 나타나기 전에 사용자가 어떤 화면을 보는지 아는 것이 중요하다. 그림 3.5는 그림 3.4의 확인 대화창이 나타나기 전에 사용자가 보는 공유 옵션 화면이다.

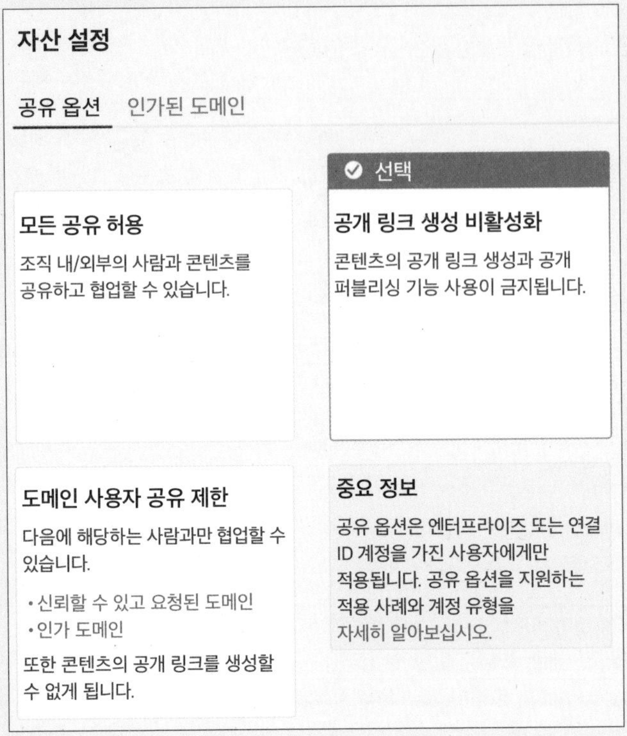

자산 설정

공유 옵션　인가된 도메인

모든 공유 허용

조직 내/외부의 사람과 콘텐츠를 공유하고 협업할 수 있습니다.

✓ **선택**

공개 링크 생성 비활성화

콘텐츠의 공개 링크 생성과 공개 퍼블리싱 기능 사용이 금지됩니다.

도메인 사용자 공유 제한

다음에 해당하는 사람과만 협업할 수 있습니다.

- 신뢰할 수 있고 요청된 도메인
- 인가 도메인

또한 콘텐츠의 공개 링크를 생성할 수 없게 됩니다.

중요 정보

공유 옵션은 엔터프라이즈 또는 연결 ID 계정을 가진 사용자에게만 적용됩니다. 공유 옵션을 지원하는 적용 사례와 계정 유형을 자세히 알아보십시오.

그림 3.5
조직 내 사용자의 공유 권한을 설정하는 설정 화면이다. 현재 공개 공유를 비활성화하는 옵션이 선택되어 있다.

STEP 3: 메시지의 우선순위 정하기

이 상호작용이 어떻게 이루어지는지 이해했다면 사용자가 보아야 할 메시지 중에서 어느 것이 더 중요한지 결정하여 메시지 항목의 순위를 조정한다. 이 경우, 진짜로 중요한 내용은 변경 사항을 적용하면 기존의 모든 공개 링크도 비활성화된다는 것을 관리자가 이해하는 것이다. 그러니 가장 아래에 배치했던 내용을 맨 위로 올린다.

STEP 4: 질문을 먼저 배치하기

다음으로 합칠 수 있는 부분이 있는지 살펴본다. 확인 대화창을 확인하는 것이 목적이므로, 이를 제목에도 반영한다. 확인이 가장 중요하기 때문이다.

도메인 사용자의 공유를 제한하시겠습니까?

UI가 대화형이므로, 제목에서 물어본 질문에 사용자가 답할 수 있게 만들어야 한다. 전문 용어를 사용하고 제목과도 맞지 않는 '활성화'와 '취소' 대신, 질문의 형식에 맞게 버튼도 단순하게 '예'와 '아니요'로 바꾼다.

STEP 5: 불필요한 부분 쳐내기

이제 그림 3.4의 첫 번째 문장을 보자. 공유 제한의 의미를 설명하는 부분이다. 그런데 그림 3.5에서 본 것처럼 사용자는 이미 이 설명을 전 화면에서 보았다. 그리고 이 경고창의 목적은 도메인의 종류를 설명하는 것이 아니므로 이 부분을 과감히 잘라낸다.

STEP 6: 전문 용어를 쉽게 바꾸기

마지막으로 몇 가지 전문 용어를 다듬어 더 쉬운 말로 바꾼다.
▶ 활성화 = ~하게 한다
▶ 비활성화= 끄다
이제 그림 3.6처럼 간결하고 명료한 경고창이 되었다.

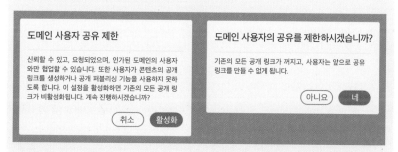

그림 3.6
기존 경고창(왼쪽), 수정된 경고창(오른쪽)

수정된 경고창의 내용은 기존 경고창의 절반 정도로 줄었으며 훨씬 읽기 쉬워졌다. 또한, 전달하려는 메시지가 눈에 띄고, 이 작업을 실행했을 때 어떤 일이 일어날지 명확하게 전달된다.

자신에게 맞는 방법을 찾아서

문구를 명확하게 쓰는 방법은 앱의 기능, 대상 사용자 유형, 사용자가 제품을 사용하는 맥락 등 수많은 요소에 따라 달라진다. 열거용 쉼표가 언론에서는 사용되지 않지만, 법률 문서에서는 필수인 것처럼, '명확성'은 움직이는 표적과도 같다. 이 책에서 다루는 다른 모든 것과 마찬가지로 사용자와 함께 메시지와 인터페이스를 테스트하는 것이 매우 중요하다.

4장

효과적인 에러 메시지 작성법

4

UI 라이팅에서 가장 많이 볼 수 있고 먼저 떠오르는 유형이 바로 에러 메시지이다. 에러 메시지는 사용자가 어떤 일이 일어나리라고 예상한 상황에서 표시되어 사용자에게 실망과 혼란을 안겨준다. 보통은 '이런, 그건 할 수가 없겠네요.' 또는 '죄송합니다. 문제가 생겼습니다.' 등의 나쁜 소식의 대명사이다. 따라서 그 성질상 '좋은' 에러 메시지는 없다. 에러 메시지가 존재하지 않는 것이야말로 최고의 에러 메시지라 하겠다.

에러를 이해하려면 디지털 제품 및 서비스와 대부분 사용자 간에 어떻게 상호작용이 이루어지는지 알아야 한다. 사용자는 자신을 도울 목적으로 만들어진 웹사이트, 모바일 앱, 음성 시스템, 기타 인터페이스 등에는 관심이 없다. 그들의 첫 번째 우선순위는 자신이 하려는 일이다.

그런 사용자는 보통 다음과 같은 일을 하려 한다.

▸ 검색: 아이가 아플 경우 부모는 일반적인 감기 증상이나 가까운 약국을 검색하려한다.
▸ 구매: 노안인 조부모가 새로 태어날 손주를 위해 신생아 옷을 쇼핑하려 한다.
▸ 업무 처리: 가정의 공과금 납부를 하는 경우 납부용 은행 계좌를 업데이트하려 한다.
▸ 만들기: 학생은 발표 준비를 위해 여러 툴을 사용하여 삽화를 그리려 한다.

사용자가 작업을 완료하려고 할 때, 필연적으로 에러 메시지와 경고 등 부정적인 순간을 맞닥뜨리게 된다. 이런 순간은 하려는 일을 완료하기 어렵게 만든다.

그동안 우리가 진행했거나 관찰한 거의 모든 테스트 세션에서 사용자는 에러가 발생할 때 실망하며 소프트웨어를 잘못 사용해서 미안하다고 사과하는 일이 잦았다. 이런 일이 많이 발생하면, 부정적인 감정이 쌓여서 결국에는 소프트웨어 사용을 아예 단념하고 만다.

그렇지만 그들이 소프트웨어를 잘못 사용하는 것이 아니다. 그저 사용하려고 시도할 뿐이다. 사용자가 에러 때문에 불만이 생겼다면, 더 나은 사용자 경험을 디자인해야겠다고 생각해야 한다.

에러 메시지를 작성하기 전에 사용자가 더 많은 일을 할 수 있도록 도울 기회가 된다고 생각하며 에러 메시지의 개념을 바꿔보자. 캐시 시에라Kathy Sierra가 자신의 저서 《끝내주는 제품: 끝내주는 사용자를 만들어라Badass: Making Users Awesome》1에서 말한 것처럼 말이다.

> "추천 수가 많은 제품을 살펴보면 끝내주는 사용자가 있음을 알 수 있다. 훨씬 스마트하고, 스킬도 있으며 영향력이 강한 사용자 말이다. 이런 사용자는 더 많은 것을 알고 있으며 자신에게 의미가 있는 방식으로 더 많은 일을 할 수 있다."

에러를 에러로 보기보다 사용자를 도와주는 것에 초점을 맞추면 팀은 더욱 성공할 것이다.

책임 전가를 피하라

에러에 책임이 있는 것은 사용자만이 아니다. 그렇지만 이런 경험을 만든 기업조차도 에러가 발생했을 때 사용자에게 책임을 돌리는 경우가 많다. 심지어 사용된 기술이나 제품이 디자인된 방식에 실제로 문제가 있는데

도 사용자를 탓하기도 한다.

기업에서 사용자에게 책임을 돌리는 이유는 브랜드 이미지를 보호해야 한다고 여기기 때문이다. 그러나 사용자의 기분을 상하게 만드는 수동적이면서도 공격적인 메시지 역시 브랜드 이미지를 해친다. 제품의 성장과 발전에 중요한 지표인 사용자 수용도와 유지도 역시 낮아진다.

팀에서 이런 점을 우려하고 있다면 다음과 같은 질문을 팀에 던져 토론해 볼 수 있다.

▶ 에러의 원인이 무엇인가? 단순한 사용자 입력 사항보다는 기술적인 에러, 독특한 사용자 시나리오 등 더 많은 요인이 원인으로 작용하는 경우가 많다.

▶ 현실의 어떤 상황에서 사용자가 이런 메시지를 보게 되는가? 이런 에러 메시지가 갑자기 표시될 리는 없다. 사용자의 실제 환경이나 시간적 제약 등을 생각해 본다.

▶ 이 에러를 테스트할 수 있는가? 객관적인 자세를 유지하고, 사용자가 에러를 설명하게 하는 것은 이 메시지를 어떻게 표현할지에 관한 지침을 제공하는 데 가장 효과적이다.

문제의 원인이 언제나 비즈니스나 기술인 것은 아니지만, 만에 하나 그런 경우 마주한 진실을 받아들이는 것도 그리 나쁜 선택은 아니다.

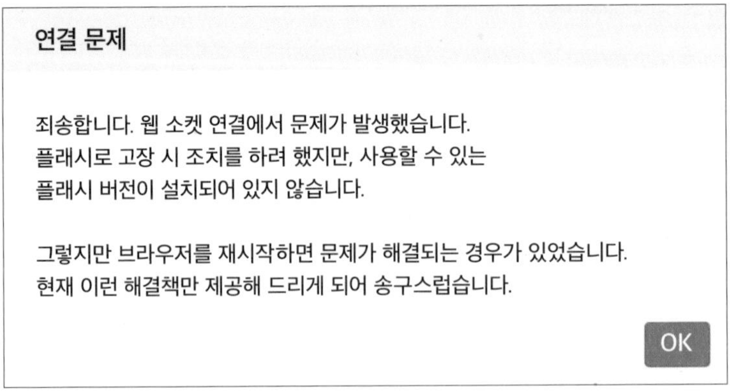

연결 문제

죄송합니다. 웹 소켓 연결에서 문제가 발생했습니다.
플래시로 고장 시 조치를 하려 했지만, 사용할 수 있는
플래시 버전이 설치되어 있지 않습니다.

그렇지만 브라우저를 재시작하면 문제가 해결되는 경우가 있었습니다.
현재 이런 해결책만 제공해 드리게 되어 송구스럽습니다.

OK

그림 4.1
슬랙의 이전 에러 메시지이다. 앱을 불러올 때 웹 소켓 연결에 실패한 것에 책임을 인정하고 있다.

유명한 업무용 메시지 서비스인 슬랙Slack은 바로 이렇게 오류 메시지를 작성해서 디자인 커뮤니티와 사용자로부터 많은 사랑을 받았다. 해당 오류 메시지는 그림 4.1을 통해 확인할 수 있다. 이 메시지를 살펴보면 에러 발생 상황에서 기업이 감정을 함께 나누는 것으로 무엇이 가능한지 알 수 있다.

길기는 하지만 정말 훌륭한 예시이다. 이 짜증 나는 상황을 이해하고 반전시켰으며, 슬랙에 연결한다는 목표를 달성하도록 사용자를 도와주기 때문이다. 이 예시는 극단적인 편이기는 하다. 그렇지만 슬랙이라는 브랜드가 강한 보이스를 가지고 있고, 에러 메시지에 많은 단어를 넣을 수 있었기 때문에 이 방법이 성공할 수 있는 것이다.

문제가 생기면 사용자에게 책임을 전가하는 일이 벌어지지 않도록 모든 방법을 활용해야 한다. 사용자가 자신의 목표를 달성하도록 돕는 것에 초점을 맞추도록 하자.

에러를 탐구하라

문구 작성으로 바로 들어가기 전에 에러와 관련하여 질문하는 것으로 시작해 본다.

▶ 이 시나리오가 왜 존재하는가? 비즈니스 정책인가? 법적으로 따라야 하는 것인가? 상호작용에서 우연히 발생한 것인가? 에러가 왜 발생하는지 이해하지 못하면 문구 작성에 상당한 어려움을 겪게 된다.

▶ 이 에러가 발생하기 전에 무슨 일이 생기는가? 소프트웨어가 디자인된 '정도'에서 사용자가 어떻게 벗어나는지를 이해하려면 맥락이 필수이다. 사용자가 거치는 과정을 가능한 한 많이 알아본다. 기존 연구를 찾아보거나 필요하면 별도의 연구를 진행한다.

▶ 에러의 원인이 무엇인가? 에러 문구는 사용자의 행위, 기술 시스템의 오작동, 또는 소프트웨어의 제약 사항으로 인해 표시될 수 있다. 어떤 경우이든 자신이 먼저 무슨

질문을 던지는 것이 작업에 포함되지 않는다는 생각이 들 수 있지만, 이 것 역시 UX 라이팅만큼 매우 중요하다. 이런 탐색 작업으로 나머지 작업 시 더 잘 아는 상태에서 효과적이며 효율적으로 진행할 수 있다.

로렌 루케이즈Lauren Lucchese는 이런 사실을 커리어 초반에 알게 되었다. 루케이즈는 금융 제품, 인공지능으로 구동되는 제품, 이커머스e-commerce 분 야에서 디자인 리더이자 UX 라이터로 일하며 언제나 문구에 초점을 맞추 었다. 금융 제품 작업을 할 당시 업무 중 한 가지는 로그인 화면의 에러 메 시지를 작성하는 것이었다. 50개가 넘는 에러 코드가 담긴 엑셀 파일과 함 께 전부는 아니더라도 대부분 에러에 적용할 수 있는 "일반적인 메시지를 작성해 달라"는 주문을 받았다. 그녀는 어쨌든 도움을 주기 위해 문구를 작 성하기 시작했지만, 곧 다른 방식으로 접근해야겠다고 생각하게 되었다.

루케이즈는 여러 질문을 던졌다. 그리고 이 시나리오에서 일반적인 에 러 메시지를 사용하면 고객 지원 부서에 문의하라는 지침이나 막다른 길에 부딪힌다는 두 가지 결과만 나오게 된다는 점을 깨달았다. 이 두 가지 경우 모두 이상적인 결과는 아님이 분명했다.

그러나 고객의 상황에 알맞은 메시지를 사용하면 문의를 하지 않고도 고객이 스스로 문제를 해결하도록 안내할 수 있었다. 예를 들어 고객이 잘 못된 비밀번호를 입력한 경우, 무슨 일이 일어났는지 설명하고 비밀번호 제 약 사항을 알려주면, 고객 스스로 문제를 해결하고 다음 단계로 더 빨리 넘 어갈 수 있다.

사기가 의심되는 것과 같은 기타 에러의 경우, 고객은 문의 전화를 걸어 야 했다. 그러나 메시지에서 고객의 보안을 염려한다는 점을 표현하고 사 기 전담 부서의 직통 전화번호를 제공할 수 있다. 그러면 사용자는 스트레 스가 심한 상황에서 이리저리 전화를 걸지 않아도 빠르게 담당자와 통화할 수 있다. 계정 소유자가 사망했을 경우에도 비슷한 방식을 적용할 수 있다. 사망한 사람의 계정에 로그인하려는 사람에게 이 문제를 해결할 수 있는 담당자를 직접 연결해 주는 것이다.

그렇지만 이런 포괄적인 방식에서 벗어나려면 프로덕트 오너도 여기에 동의해야 했다. 보통 프로덕트 오너는 디지털 제품 팀에서 사업 목표의 달성을 책임진다. 그리고 대개 기업은 팀이 일을 빨리 완료하기를 바란다.

"프로덕트 오너에게 가서 '이게 사실 생각하시는 것보다 훨씬 복잡한 문제입니다. 이런 요소를 모두 고려하지 않으면 원하는 결과를 얻지 못하실 거예요.'라고 말하면 잘 받아들여지지 않을 때가 있어요."라고 루케이즈는 말했다. "그러면 측정 지표와 수치를 생각하게 됩니다. 이런 요소를 고려하지 않았을 때의 위험을 돈으로 환산해야 해요."라고 덧붙였다.

고객을 위해 더 많은 작업을 해야 한다는 점을 설득하기 위해 루케이즈는 왜 이 방법이 효과적인지를 사업적 측면에서 설득해야 했다. 그녀는 콜센터의 문의 수와 통화 시간을 줄이는 것이 핵심 목표임을 알고 있었다. 이 두 가지가 기업으로서는 비용이 많이 들기 때문이었다.

루케이즈는 분석팀과 함께 계정 잠김 문제를 해결하지 못해 문의하는 사람이 얼마나 많은지에 관한 데이터를 취합했다. 또한 이런 고객이 담당자와 통화한 시간의 데이터(통화가 30분 동안 지속된 일도 있었다!)도 뽑았다. 그리고 여기에 드는 비용도 조사했다. 이 데이터를 활용하여 더욱 구체적으로 에러 메시지를 다뤄야 하는 논리를 세웠다.

얼마 지나지 않아 팀의 전체 구성원이 적절한 메시지 제공이 갖는 사업적 가치를 깨달았고, 그로 인한 결과도 체감할 수 있었다.

루케이즈는 "페이지를 어떻게 설정하는지와 관계없이, 예상되는 문제를 명확하게 이해할 수 있도록 매우 구체적인 에러 메시지를 작성했습니다. 그리고 그것이 엄청난 변화를 만들었어요."라고 말했다.

이런 업데이트는 온보딩 경험의 기타 개선점들과 더불어 가입과 수용도를 눈에 띄게 끌어올렸다. 루케이즈와 그녀의 팀은 기업에 훨씬 도움이 되고 사용자에게도 훨씬 적합한 시스템을 만들 수 있었다.

에러 메시지 작성하기

사용자가 어떤 상황에 부닥치는지 이해하고 나면 어떤 에러 메시지가 필요하고 언제 표시되어야 하는지를 알게 된다. 그렇지만 이런 문구를 어떻게 작성해야 할까?

에러 메시지 디자인에서 단어를 사용할 때 지켜야 할 세 가지 원칙이 있다. 그중 하나는 UX 라이팅과는 전혀 관련이 없다.

▶ **방지하기**: 에러를 일으키지 않으면서 사용자를 지원할 방법을 찾는다.
▶ **설명하기**: 사용자에게 무슨 일이 일어나고 있으며 무엇이 잘못됐는지 설명한다.
▶ **해결하기**: 사용자가 겪는 문제의 해결책을 제공한다.

이 원칙이 현실에서 어떻게 작용하는지 이해하기 위해 날로 인기를 얻고 있는 기술을 예로 들어보고자 한다. 바로 뱅킹 앱을 통해 수표를 온라인으로 입금하는 기술이다.

종이 수표도 여전히 많이 사용되고 있지만, 이제는 계좌에 입금하려고 집 밖을 나서지 않아도 된다. 뱅크오브아메리카Bank of America CEO에 따르면 이 기능의 인기가 매우 높아 2018년 4월에서 6월 사이에 앱으로 입금된 수표 금액이 오프라인 지점들에서 입금된 금액보다 높았다고 한다.

그런데 다음 조건을 만족하지 않으면 수표 입금 기능에 에러 메시지가 표시된다.

▶ 수표 금액을 입력해야 함
▶ 입력된 금액과 수표에 표시된 금액이 일치해야 함
▶ 소프트웨어가 계좌번호, 라우팅 번호(금융기관 식별 수단), 금액을 인식할 수 있을 정도로 수표의 이미지가 깨끗해야 함
▶ 수표에 서명이 되어야 함
▶ 수표 뒷면에 '온라인 입금 전용'이라고 적어야 함(2018년 기준 법적 요건)

이는 몇 가지 가능성을 이야기한 것에 불과하다! 고려해야 할 상황은 수도 없이 많을 것이다. 이제 앞에서 말한 세 가지 원칙이 현실에서 어떻게 구현되는지 살펴보자.

방지하기

에러 방지는 사용자의 좌절감을 예방하는 것임과 동시에 사용자가 하려는 일을 완료하도록 지원하는 것이다. 가장 이상적인 것은 사용자가 아무 문제 없이 자신의 수표를 입금하고 일상을 살아가는 것이다. 사용자가 겪는 문제가 적을수록 고객 경험이 더욱 편리해지고 은행의 비용이 줄어든다.

가장 좋은 사용자 경험은 시각적인 요소와 상호작용 패턴으로 사용자

그림 4.2
시각적인 요소와 버튼 비활성화로 사용자를 안내하고 있다. 체이스은행 모바일 앱의 수표 입금 기능에서는 에러 메시지가 필요 없다.

를 안내하여 에러가 필요한 상황을 줄이는 것이다. 그림 4.2는 체이스 은행Chase Bank 모바일 앱의 수표 입금 기능이다. 사용자는 수표의 사진을 찍기 전에 금액을 입력해야 한다. 그래서 디자이너는 금액 입금란의 글씨를 크게 만들어 눈에 띄게 했고, 나머지 옵션은 모두 회색으로 처리했다. 이는 사진 촬영 버튼이 활성화되기 전에 금액을 입력하라고 안내하는 것이다. 사용자가 금액을 입력하지 않고 '다음' 버튼을 누르면 에러 메시지가 뜰 것이다.

에러를 방지하는 또 다른 방법은 입력 형식과 데이터 항목을 활용하여 사용자를 지원하도록 소프트웨어를 디자인하는 것이다. 어떤 시스템은 사용자가 생년월일을 입력해야 하는데, 이때 데이터 형식은 mm/dd/yyyy(월/일/연)이어야 한다. 에러 발생을 막기 위해 자동으로 슬래시를 추가하도록 양식을 구성할 수도 있다. 또는 달력에서 날짜를 선택하거나 연, 월, 일을 위아래로 '돌려서' 선택할 수 있는 날짜 선택기를 활용할 수 있다. 그렇지만 이 경우에는 입력 속도가 느려진다는 단점이 있다. 나이가 많은 사람이라면 생년월일을 찾으려고 한참을 클릭하거나 탭해야 하기 때문이다.

음성 비서나 챗봇 같은 대화형 인터페이스에서 에러 발생을 줄이는 과정도 이와 비슷하다. 앞서 이야기한 인터페이스를 대화 형태로 작성한다면 정보를 올바르게 입력하도록 힌트를 주어야 한다. 항공사의 자동응답 시스템에서 "'운항 상태 확인'이나 '예약 변경' 등을 말씀하시면 됩니다."라고 안내하는 걸 들은 적이 있을 것이다. 이는 시스템 디자이너가 시스템이 무엇을 할 수 있고, 어떤 종류의 명령어에 반응하는지 사용자가 이해하도록 만든 것이다. 이를 통해 사전에 에러를 방지하려고 한 것이다.

에러를 사전에 방지하거나 발생 빈도를 줄이는 방법은 대단히 많다. 그리고 에러를 효과적으로 방지하려면 디자인 사고방식을 갖추고 관련 기술을 숙지하며 비즈니스 제약 사항을 잘 알고 있어야 한다.

설명하기

수표 입금 이야기로 돌아와 보자. 에러 메시지 발생어 필연적인 경우도 있다. 어떤 사용자가 고액 수표를 받았고(좋겠다!) 이를 입금하려 한다. 은행의 '모바일 입금 한도'는 1만 달러이다.

그림 4.3은 체이스 은행 앱이 이 시나리오를 어떻게 다루는지 보여준다. 이 경우 사용자에게 명확하고 신속하게 무엇이 잘못되었는지 알려주고자 한다. 체이스 은행 앱에서 이를 훌륭하게 해냈지만, 사용자가 왜 입금 한도가 1만 달러인지 알려고 하면 그럴 수 없다는 한계가 있다. 또한 이 고액 수표를 어디에서 입금할 수 있는지 알고 싶어 할 수 있다. 이 한도가 '모바일' 입금 한도라는 것이 암시되어 있기는 하지만, ATM기에도 적용되는 것일까?

그림 4.3
입금 한도를 초과하면 표시되는 에러 메시지는 간결하고 명확하다. 그러나 사용자가 어디에서 이 수표를 입금해야 할지는 알려주지 않는다.

그런 정보는 표시되지 않는다. 왜일까? 에러 메시지가 들어갈 자리에 문자 수 제한이 있어서일 수 있다. 아니면 기업에서 필요하지 않다고 판단했을 수 있다. 또는 디자인팀에서 미처 생각하지 못했을 수 있다.

다시 강조하지만, 문제가 생기기 전에 이를 예측하고 해결하는 게 매우 중요하다. 그리고 이런 방식이야말로 UX 라이팅을 디자인처럼 대하는 것이다. 자신이 하는 일이 주어진 문자 수 제한에 맞춰 특정 필드에 들어갈 문구를 작성하는 일이라고 생각하면, 사용자를 돕는 방법을 제한하게 된다. 자신의 직함이 무엇이든 간에 팀과 함께 문제에 여러 방식으로 접근하기 위해 아래와 같은 선택지를 탐색해 볼 수 있다.

▷ 툴팁(tool tip, 아이콘을 클릭하거나 탭했을 때 나타나는 작은 메시지) 추가
▷ 필드의 문자 수를 늘리거나 처음부터 개발하는 경우 팀과 협력하여 문자 수 정하기
▷ 이 한도를 설명하는 링크 추가(웹사이트를 활용하면 좋음)

에러 메시지가 어느 정도로 자세해야 할지 결정하려면 사용자의 의견을 듣는 것이 가장 좋다. 다른 인터페이스 테스트하는 것과 마찬가지로 사용자를 대상으로 문구를 테스트할 수 있다.

해결 방안을 제시하면 결과적으로 사용자의 신뢰를 얻을 수 있다. 무엇이 잘못되었는지 설명하지 못한다면, 사용자가 제품을 받아들이지 않을 수 있다는 것이다.

해결하기

앞의 두 단계를 거친 후에도 에러 메시지를 작성해야 한다면, 에러가 발생하는 문제를 해결하는 것이 사용자와 기업 모두에게 가장 중요한 요소이다. 문제가 무엇인지 설명하는 것도 중요하지만, 사용자가 "그래서 뭘 어쩌라고?"라는 질문을 던지고 제품을 떠나가도록 만들어서는 안 된다.

해결은 다음 단계를 제시하는 것이다. 이를 위해서는 사용자에 대한 이해가 필요하다.

그림 4.4는 체이스 은행 앱의 '자동 캡처' 기능이 수표 이미지를 명확하게 캡처하지 못했을 때를 보여준다. '자동 캡처'는 프레임 안에 수표가 들어오면 이를 감지하고 카메라를 작동시켜 사진을 찍는다.

이는 단순한 에러 메시지의 차원을 넘어선 것이다. '수동 캡처'와 '자동 캡처 재시도'는 사용자에게 수표 입금이라는 목표에 더 가까워지도록 두 가지 문제 해결 방안을 제시한다. '스스로 사진 촬영하기'는 약간 명령조 같을 수 있지만, 테스트하면 사용자가 진짜로 그렇게 느끼는지 알 수 있을 것이다.

해결은 현재 사용자가 처한 상황에서 나아갈 길을 제공하는 것이다. 그리고 사용자가 원하는 목표를 달성하도록 돕는 일이다.

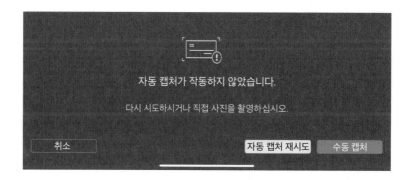

그림 4.4
해당 에러 알림창은 두 가지 선택지를 제시하여 사용자의 목표 달성을 돕는다.

챗봇 에러 메시지 작성의 어려움

때로는 사용자가 문제를 해결하도록 돕는 일이 너무나 어려울 수 있다. 시스템이 어떻게 디자인되고 구축되는지 다시 생각해야 하기 때문이다.

나도 챗봇을 디자인할 때 해결 단계에서 문제에 직면했다. 이 챗봇의 용도는 사용자가 다수의 복잡한 항목을 이해하도록 만드는 것이었다. 그렇지만 이 제품을 구축하고 테스트하는 초기 단계였으므로 챗봇이 대답할 수 있는 질문은 몇 가지 되지 않았다.

사용자가 어떤 질문을 하면 챗봇은 아래와 같은 에러 메시지 중에서 하나를 골라 응답했다.

▶ 잘 모르겠습니다.

▶ 잘 알지 못합니다.

▶ 죄송합니다. 잘 이해하지 못했습니다.

사용자에게 에러 메시지가 표시되는 메시지 대부분은 이런 종류였다. 그리고 이런 메시지는 사용자가 자신이 제품을 잘못 써서 에러가 난 것처럼 느끼게 했다.

처음에는 이 문제를 해결하기 위해 에러 메시지를 다시 써달라는 부탁을 받았다. 그렇지만 단순히 '잘 모르겠습니다.'를 다른 말로 바꾼다고 사용자의 문제 해결에 도움이 될 리 없었다. 사용자는 여전히 불편함을 느끼고 이 상호작용을 포기할 것이니 말이다.

결국 시스템이 첫 번째로 답을 모른다고 할 때와 두 번째로 모를 때의 메시지를 분리하는 로직을 개발했다. 그러면서 사용자가 점점 문제 해결에 다가갈 수 있도록 만들었다.

첫 번째로 시스템이 답을 모른다고 할 경우의 메시지는 다음과 같았다.

죄송하지만 잘 모르겠습니다. 현재 제가 가진 지식이 제한적이지만, 질문을 다른 표현으로 해 주시면 도움이 될 것 같습니다.

그리고 두 번째로 사용자에게 모른다는 답을 해야 할 때는 조금 다르게 했다.

답을 모르겠습니다.
제가 도와드릴 수는 없지만, 질문이 제가 학습하는 데 도움이 됩니다. 지원 분석가에게 연결해 드릴까요?

이 작업이 이렇게 힘들었던 이유는 여전히 기본 '에러' 메시지를 활용해야 했기 때문이다. 이런 조건문이 작동하도록 만들기 위해 엔지니어링팀이 기본 플랫폼을 수정해야 했지만, 그런 노력을 기울일 만한 일이었다.

이렇게 해결 방안을 향해 나아가게 만드는 방식은 사용자가 제품을 더 많이 활용하도록 만드는 효과가 분명히 있었다. 실망감을 느끼던 사용자가 자신이 필요한 지원을 받으면서도 제품에 기여한다는 생각을 하게 되었기 때문이다. 결국 에러 해결에 집중하는 것만으로도 사용자 수용도를 상당히 높일 수 있었다.

메시지 테스트하기

훌륭하게 사용자의 요구를 찾아내고, 불필요한 에러를 방지하고, 문제를 설명하고 사용자의 문제 해결을 돕는 메시지를 작성한다고 해도 문제가 있을 수 있다.

그러면 이걸 어떻게 알 수 있을까? 바로 사용자와 함께 문구 테스트를 하면 된다.

나탈리 이Natalie Yee는 다양한 업무를 해 온 UX 디자이너이다. 그러나 인터페이스 문구 테스트의 중요성을 실감한 것은 의료 기기 제품 작업을 할 때였다.

나탈리는 그중에서도 기억에 남는 프로젝트를 예로 들며, 자신의 팀이 사용자가 격한 감정을 느끼고 스트레스가 높을 때 보이는 반응을 어떻게 알아냈는지를 설명했다.

그녀는 "문구 테스트에 참여한 사용자들에게 화면을 출력해서 보여줬습니다. 직접 앱을 사용하게 할 방법이 없었기 때문이죠. 그럼에도 많은 수의 사용자가 '저러면 화가 날 거 같은데요.'라던가 '이건 괜찮네요. 이 정도면 기다릴 수 있어요.'라고 하면서 화면을 보고 어떤 감정을 느꼈는지 바로바로 피드백을 해줬습니다."라고 말했다.

어떤 기능은 하루에 사용할 수 있는 횟수가 정해져 있었고, 이를 초과하면 에러 메시지가 표시되었다. 메시지 내용은 하루 사용 한도에 도달했으니 다음 날 다시 기능을 사용하라는 것이었다.

사용자는 이 메시지를 봤을 때 시스템에 문제가 있다고 생각했다. 그리고 자신의 정보가 사라졌다는 느낌을 받았다. 그렇지만 실제로는 에러 발생과 관계없이 앱이 정보를 계속 수집하고 있었다.

나탈리는 "이 점을 설명하려고 에러 메시지를 업데이트했습니다. 그리고 다시 테스트하자 에러 메시지가 걱정보다 안도감을 주는 것으로 나타났습니다."라고 했다.

팀 전체가 테스트를 통해 이런 상황에 다른 방식으로 대처할 수 있음을 알게 되었고, 그 결과 사용자 경험이 개선되었다.

"테스트 후 엄청 많은 텍스트를 바꿨어요. 메시지가 너무 경고성으로 느껴진다거나 사람들이 그 메시지를 본 다음에 무엇을 해야 할지 모른다는 걸 알게 됐거든요."라고 나탈리는 말했다.

어떤 제품의 어느 메시지든 테스트할 수 있다. 나탈리가 설명한 것처럼 사용자는 테스트를 환영할 것이다. 나탈리는 에러 메시지 테스트 경험으로 왜 문구가 그렇게 중요한지 명확하게 이해할 수 있었다. "문구로 사람에게 상처를 줄 수도 있고 도움을 줄 수도 있는 거잖아요. 사람들이 정말 안심할 수 있는 문구를 쓰면 그 영향은 엄청납니다. 마음에 상처를 주는 문구는 몇 년이 지나도 가슴에 남아요. 그렇지만 UX 라이팅을 그런 관점에서 접근하지 않을 때가 많습니다."라고 나탈리는 지적했다.

그녀는 UX 라이팅에 시간을 투자함으로써 사용자와 사용자의 목표에 더 집중할 수 있다고 한다.

"작성하는 카피가 전체 앱에 부합하는 것도 중요합니다. 그렇지만 더 중요한 것은 그런 문구가 앱 밖에서 사람들의 삶에 어떤 영향을 미치는지 생각하는 거예요."

단순히 UX 라이팅 문제가 아닐 때

"어떤 사람이 100살 이상이면 표시할 에러 메시지가 필요합니다."

어느 날 막 출근한 나에게 그동안 함께 작업했던 엔지니어링 리드가 할 일을 알려주며 이렇게 말했다.

나는 "네?"라고 (이 짧은 단어도 '질문'이라고 할 수 있다면) 되물었다. 이때 머리가 맑게 깨어 있는 상태도 아니었다.

그 사람은 "가입 양식에서 생년월일을 넣도록 하는데, 보안 가이드라인에 보면 100년 전 날짜를 입력하면 안 되거든요. 에러 메시지를 작성해 줄래요? 지금 데이터베이스랑 가입 양식을 연계하려고 하거든요. 자리 표시자(placeholder, 문자나 이미지 등의 요소가 들어갈 자리를 임시로 채워놓는 내용)로 '올바른 생년월일을 입력해 주세요'라고 넣을 겁니다."라고 말했다.

그 말을 듣고 수많은 질문이 떠올랐다.

이 보안 가이드라인은 왜 존재하는가? 이 조직의 다른 양식에서도 비슷한 에러가 나타나는가? 방금 설명한 정책을 어떻게 문구로 만들 수 있는 거지?

마침내 머리가 돌아가기 시작한 나는 "그러니까 어떤 사람이 100살 이상이면 가입 양식에서 에러 메시지를 표시해야 한다는 거죠?"라고 물었다.

"맞아요."라고 그 리드는 대답했다.

이때쯤 되자 프로덕트 오너나 시각 디자이너 등 사무실에 있던 다른 사람도 이 대화에 관심을 보이기 시작했다.

프로덕트 오너는 "그렇게 많은 100살 넘은 사람이 여기에 가입할까요?"라고 물었다. 보통 이런 대화를 건설적인 방향으로 이끄는 일은 프로덕트 오너의 몫이다. 이런 질문을 한 이유는 그런 사용자에 맞추려면 시간이 들기 때문이었다. 이미 부족하다고 느껴지는 그 시간 말이다. 게다가 이런 건 엣지 케이스edge case 아닌가?

때로는 쓰기가 불가능한 에러 메시지를 만나게 된다. 그 이유는 그런 에러가 사람 중심이 아니라 비즈니스 중심의 정책 때문에 발생하기 때문이다.

에릭 마이어Eric Meyer와 사라 와터 보에처는 《사람을 배려하는 디자인》에서 '엣지 케이스(소프트웨어 개발 팀에서 많이 사용하는 용어로, 매우 적은 수의 사용자를 의미)'라는 용어가 그런 사용자를 신경 쓰지 않아도 된다는 의미를 포함한다고 지적한다. 예를 들면 팀에서 "그건 그냥 엣지 케이스니까 신경 쓰지 마."라고 이야기하는 것처럼 말이다.

그래서 이 용어 대신 저자들은 '스트레스 케이스stress case'라는 말을 선호한다. 제품과 상호작용하면서 사용자가 느꼈을 좌절과 감정에 주목하게 만들기 때문이다.

팀 구성원이 매일 100살이 넘는 사람을 만날 리는 없겠지만, 그렇다고 그런 사람이 존재하지 않는 것은 아니다. 사실 100살 이상 인구는 점점 늘고 있다. 2010년 인구조사에 따르면 미국만 하더라도 100살 이상 인구가 53,364명으로, 1980년 통계 대비 65.8% 가까이 늘어났다.

이 제품을 구매하려는 100살 이상의 사용자에게 가입 양식에서 그런 에러 메시지를 표시하는 것은 좋게 말해봤자 그 53,364명의 삶은 안중에 없다는 것을 의미한다.

제품을 만드는 누구나 에러 메시지를 쓸 수 있다. 그러나 여러분이 그 일의 담당자라면, 여러분이야말로 메시지가 사용자와 비즈니스의 요구를 충족하는지에 관한 대화를 시작할 사람이다. 그리고 단순한 UX 라이팅을 넘어 디자인을 한다면, 앞서 말한 문제를 해결하고 대다수 사용자뿐만 아니라 모두를 위한 더 나은 경험을 만들게 될 것이다.

자신에게 맞는 방법을 찾아서

대부분 사람이 '디자인'을 생각하면 에러 메시지를 작성하거나 제품 스트레스 케이스가 무엇인지 찾아보는 일은 떠올리지 못할 것이다. 그러나 이는 UX 라이팅을 넘어 사용자 경험의 성패를 가르는 치명적인 순간이다.

UX 라이팅이 디자인이라는 관점에서 보면, 에러는 사용자가 목표를 이루고 모두가 효과적으로 사용할 수 있는 제품을 만들 기회이다.

5장

모두를 포용하는 글쓰기

5

포용성은 누구에게나 도움이 된다. 맷 메이Matt May는 약 20년 전에 시애틀Seattle의 한 온라인 장보기 사이트에서 바쁜 부모들의 쇼핑 시간을 절약하기 위한 서비스를 개발하면서 이러한 점을 깨달았다. 그녀는 이에 대해서 이렇게 말했다.

"장애가 있는 사람들의 전화가 오기 시작했습니다. '당신들이 사커 맘(Soccer Mom, 미니밴으로 자녀를 축구 수업에 데려다주는 중산층 엄마)의 쇼핑 시간을 줄이는 데 집중하는 동안, 나는 4시간 넘게 걸려 장을 보고 있어요. 가게에 전화로 내가 필요한 게 뭔지 말하고, 그게 매장에 있는지 확인해야 합니다. 그러면 저를 데려갈 밴을 예약해야 하고요. 이게 다 내가 눈이 안 보이는 장애인이라서 그래요.'라는 내용이었죠. 그제야 저는 장애가 없는 사람들의 편의를 위해 절약한 15분이 누군가에게는 꼭 필요한 시간이었다는 걸 알게 되었어요."

이 일은 메이에게 진정한 전환점이 되었고 커리어에도 영향을 미쳤다. 그는 월드 와이드 웹 컨소시엄(World Wide Web Consortium, W3C, 월드 와이드 웹 브라우저/서버 기술의 표준화를 추진하고 있는 교육/연구 기관 및 관련 회사들의 단체)에서 웹 접근성 전문가로 일했고, 나중에는 웹 제품의 접근성을 다룬《웹 애플리케이션을 위한 유니버설 디자인Universal Design for Web Applications》의 공동 저자로 참여했다. 이제는 어도비에서 인클루시브inclusive 디자인 부서를 총괄하고 있다.

'포용성 있는' 디자인을 의미하는 인클루시브 디자인(다양한 사용자를 포괄하는 디자인. 모두를 위한 디자인, 보편적인 디자인이라고도 함)과 '접근성 있는' 디자인은 겹치는 부분이 상당히 많다. 그리고 이번 장에서도 그 내용을 일부 다루겠지만, 이 둘은 전혀 다르다.

메이도 이 질문을 많이 받는다. 그는 "접근성은 도착점, 목적이자 목표예요."라고 설명한다. 그러면서 접근성은 장애가 있는 사람을 위해 사용성에서 나타나는 빈 곳을 채우는 것이라고 말한다.

이 '접근'이라는 말에는 다른 뜻도 있다. 누군가는 "아니, 웹사이트에 연중무휴 접속할 수 있으니 누구나 접근할 수 있는 건 당연한 것 아닌가."라고 말할 수 있다. 사용자가 이 단어의 뜻을 다 안다고 생각하면 이렇게 그들의 머릿속에 있는 이런 용어 장벽과 마주하게 된다.

메이는 "'인클루시브 디자인'이 적절한 표현이라고 생각하는 이유 중 하나는 이 단어가 더 포괄적이고 장애보다 더 넓은 범위를 아우르기 때문입니다. 장애를 의미하기도 하고 인종을 의미하기도 합니다. 그게 나이이거나 젠더일 때도 있죠. 그리고 삶의 경험을 이야기하기도 합니다. 이 모두가 인클루시브 디자인에 해당하고, 이와 관련한 논의를 해야 해요."라고 말했다.

메이에 따르면, 기본적으로 '접근성'이 배가 도착해야 할 항구라면, '인클루시브 디자인'은 항해할 때 이 항구로 뱃머리를 향하게 하는 것을 말한다.

포용적인 언어가 필요한 이유

포용적인 언어는 모든 사용자가 제품이 자신을 위해 만들어졌다고 느끼게 하기에 좋다. 그러나 포용적인 제품을 만드는 데 시간과 노력을 투자하는 것에 반대하는 사람과 일할 수 있다. 그리고 그 사람은 "이 경험은 95%

의 사용자에게 효과적인데, 그러면 충분하지 않나?"라고 말할 수 있다.

사실은... 그렇지 않다. 이 책을 집필하는 시점을 기준으로 세계 인구가 75억 명이다. 이 중에서 1/10만 제외한다고 해도 7억 5,500만 명이 제품을 사용하거나 서비스 비용을 결제하거나 인터페이스를 경험하기가 다소 어렵게(혹은 전혀 못 하게) 된다.

현실에서 이 숫자는 훨씬 높다. 2018년에 세계보건기구World Health Organization, WHO는 약 2억 1,700만 명이 심각한 시각 장애를 겪고 있고, 이 중 3,600만 명이 아예 눈이 보이지 않는다고 보고했다. 또한 4억 6,600만 명이 청력을 상실했거나 아예 듣지 못한다고 한다.[1]

리브 재단(Reeve Foundation, 영화배우 크리스토퍼 리브가 설립한 마비 환자 지원 재단)의 추산에 따르면 미국에서만 540만 명 정도가 마비 질환을 겪는다.[2]

대상 사용자의 젠더와 섹슈얼리티를 생각해 보면 너무나 많은 사람이 쉽게, 그리고 자주 배제된다. UCLA 법대 부설 윌리엄스 연구소Williams Institute는 미국에서만 1,030만 명의 성인이 자신의 정체성을 레즈비언, 게이 또는 양성애자로, 130만 명이 트랜스젠더로 이야기한다고 파악했다.[3]

이를 종합하면, 배제되는 사람의 수는 점점 늘어난다는 것이다. 그리고 제품을 개발할 때 잠재적인 사용자의 경험을 고려하지 않았다는 점이 언어에서 나타나면 그들은 제품을 사용하지 않을 것이다. 그만큼 상당한 매출액을 테이블에 그대로 남겨 놓는 셈이 된다.

언어를 사려 깊게 포용적으로 사용하는 것은 사회 정의를 수호하는 전사(그렇다고 사회 정의에 문제가 있다는 건 아니다)가 된다거나 일에 정치를 개입시키는 행위가 아니다. 비즈니스에 유익한 일이다.

UX 라이팅과 포용성

캣 홈즈Kat Holmes는 2018년에 출간한 《미스매치: 포용성이 디자인을 형성하는 법Mismatch: How Inclusion Shapes Design》에서 디자이너와 UX 라이터가 제품을 만들 때 자신 위주로 디자인하고 UX 라이팅을 하는 경우가 얼마나 많은지를 이야기했다. 접근성을 염두에 두었다 하더라도 제품을 사용하면서 그다지 좋지 않은 경험을 하게 되는 사람이 생기게 된다.

홈즈가 함께 작성한 《마이크로소프트 인클루시브 디자인 매뉴얼Microsoft Inclusive Design Manual》에는 이 내용이 잘 나와 있다. "접근성과 인클루시브 디자인이 시너지를 발휘하도록 하여 표준을 따르면서도 진정으로 모두가 사용할 수 있고 모두에게 열린 경험을 만드는 것이 이상적이다."**4**

홈즈는 "인간 중심 디자인의 가장 큰 단점은 디자인 프로세스에 다양성을 어떻게 포함할지에 관한 지침이 부족하다는 것이다. 정확하게 어떤 인간을 중심으로 할 것인가? 디자이너 대부분이 디자인에서 자신의 능력과 경험을 기준으로 삼게 된다."라고 썼다.

마이크로소프트의 매뉴얼에는 이와 관련하여 훌륭한 예시를 제공한다. 예를 들어 스마트 스피커와 같은 비 터치식 인터페이스를 제작한다고 하자. 이런 제품은 팔을 움직이는 데 제한이 있거나 아예 움직일 수 없는 사람을 위해 디자인된 것이다. 그러나 상황에 따라 팔을 쓸 수 없는 사람도 돕게 된다. 새내기 부모가 팔에 아이를 안고 있는 와중에 제품이나 웹사이트를 사용해야 하는 것처럼 말이다. 귀가 들리지 않는 사람을 위해 디자인된 인터페이스는 귀의 염증이 있어 청력에 제한이 있는 사람이나 바텐더처럼 사람이 많거나 시끄러운 곳에 있는 사람에게도 도움이 된다.

이 매뉴얼에서는 모든 사람이 일생을 살면서 어떤 형태로든 장애를 경험한다고 말한다. 인간이 세상을 경험하는 보편적인 방식에 집중하면 디자이너와 UX 라이터는 포용성의 영향력을 기하급수적으로 확대할 수 있다.

포용성을 실천한 사례

로렌이라는 친구가 최근 승차 공유 앱 리프트Lyft에서 운전사와 연결된 후 알림을 받았다. 운전사의 귀가 들리지 않거나 듣기에 어려움이 있음을 알리며(그림 5.1 참조), 언제 데리러 오면 되는지 운전사에게 연락하려면 전화 대신 문자를 보내라는 내용이었다.

단순한 추측이지만, 리프트 운전사 중에 청력 문제가 있는 사람의 비율은 상당히 낮을 것이다. 이는 리프트가 그런 운전사의 경험을 개선하기 위해 포용성을 실천하고 있음을 보여주는 훌륭한 사례이다. 들을 수 없는 전화에 응답하기 위해 허둥댈 수밖에 없게 만드는 것이 아니라, 잠시 차를 대고 문자를 보내며 더 편안한 방식으로 커뮤니케이션할 수 있게 한 것이다.

나도 전에 이와 비슷한 알림을 받은 적이 있었다. 그리고 영어를 못하거나 운전 중에 승객과 대화하기를 꺼리는 운전사도 이 기능을 사용할 것이다. 리프트가 의도한 바는 아니겠지만, 번뜩이는 활용 팁이기는 하다. 승객에게 자신이 말로 커뮤니케이션하고 싶지 않음(혹은 할 수 없음)을 알려줄 수 있기 때문이다.

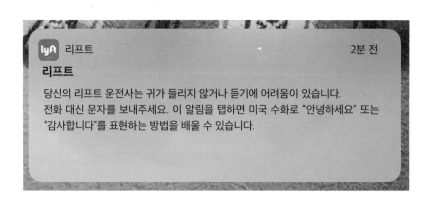

리프트   2분 전
리프트
당신의 리프트 운전사는 귀가 들리지 않거나 듣기에 어려움이 있습니다. 전화 대신 문자를 보내주세요. 이 알림을 탭하면 미국 수화로 "안녕하세요" 또는 "감사합니다"를 표현하는 방법을 배울 수 있습니다.

그림 5.1
리프트 사용자인 로렌 카기아노가 받은 푸시 알림이다. 연결된 운전사의 귀가 들리지 않거나 듣기에 어려움이 있으니 전화 대신 문자를 활용하라는 내용이다. 리프트는 로렌에게 수화로 운전사에게 말하는 방법까지 알려주고 있다.

배타적인 언어가 주는 영향

　　디지털 제품 개발자에게 윤리와 평등을 제대로 이해하는 것이 얼마나 중요한지 잘 아는 사람은 바로 커뮤니티 조직가이자 UX 실천가인 아다 파워스Ada Powers이다. 그녀는 디자인이 대기업에 포용성을 불어넣는 데 빼놓을 수 없는 요소라고 생각한다.

　　파워스는 트랜스젠더로서 자신이 사용하는 여러 제품에서 배타적인 언어를 경험한다. 대표적인 사례가 핏빗fitbit이다. 핏빗 프로필을 입력할 때, 인터페이스는 남성과 여성 중 하나를 성별로 선택하라고 한다. (그림 5.2는 인터페이스를 캡처한 것이다.) 간단하지 않은가?

　　그렇지만 파워스와 같은 트랜스젠더에게는 전혀 간단한 일이 아니다.

　　파워스는 "핏빗을 최대한으로 활용하고 싶어요."라면서 "이런 언어가 어디에서부터 시작되는지 알고 싶은 거죠. 보통은 대강 파악하려고 하겠거

그림 5.2
핏빗 프로필 양식 스크린숏 화면

니 해서 성별에 '여성'이라고 답합니다. 그런데 핏빗은 키와 몸무게도 물어봐요. 그러면 인구통계학적 정보보다는 생물학적인 정보를 원한다는 것일 수 있거든요. 그러면 저의 염색체 때문에 '남성'이라고 답을 해야 할까요, 아니면 내 몸에 흐르는 성호르몬 중에 에스트로젠이 더 지배적이니 '여성'이라고 답해야 할까요?"라고 물었다.

"그렇지만 사실은 이것보다 더 복잡합니다. '여성'이라고 답하면, 핏빗은 제가 월경 주기를 체크하는 일에 관심이 있으리라 생각할까요? 이성애자 여성이지만 자궁이 없거나 자궁이 있어도 정상적으로 기능하지 않는 사람이라면 어떨까요? 핏빗이 성별에 따라 열량 소모량 계산 모델에 호르몬 수치를 반영할까요? 그럼 테스토스테론 수치가 상대적으로 높을 수 있는 다낭성난소증후군이 있는 사람은 어쩌죠?"

파워스는 핏빗처럼 일반적인 데이터를 수집하는 제품이 자신의 경험에 영향을 미칠 때가 많다고 한다. 이렇게 수집된 정보를 제품에서 어떻게 활용하는지 알 수 없기 때문이다. 그렇다면 어떻게 모든 사람이 제품을 사용하는 흐름을 더 쉽게 만들 수 있었을까? 파워스는 투명성이 핵심 열쇠라고 답한다.

"포용성을 고려한다면 어떤 질문은 쉽게 답할 수 없다는 것을 이해할 것입니다. 어떤 정보가 왜 필요한지 설명한다면 저 같은 소외된 사람뿐만 아니라 쉽게 분류하기 어려운 모든 사람에게 도움이 됩니다. 또한 훨씬 양질의 정보를 얻게 되어 알맞은 대응을 할 수 있게 되죠. 사용자와 기업 모두에게 윈윈이 되는 거예요."

기업은 이런 정보를 수집할 때 어떠한 의도로 사용할 것인지를 사용자에게 알려야 한다. 단순히 인구통계학적 용도인가? 어떤 광고를 표시할지 결정하는 데 사용되는가? 아니면 제품의 핵심 기능이 작동하는 데 중요한가?

어렵기는 하지만, UX 라이터라면 제품에서 수집되는 정보에 질문을 던지는 것이 중요하다.

UX 라이터로서 스스로와 제품팀에 물어볼 수 있는 질문 몇 가지를 나열해 보았다.

▶ 이 정보로 무엇을 할 것인가? 이 정보를 바탕으로 어떤 종류의 가설을 세울 수 있는가?

▶ 수집된 정보를 타인이 남용할 수 있는 경우는 무엇인가? 인구통계학적 데이터를 수집하고 이를 조직 내 다른 사람에게 판매하거나 사용할 수 있게 한다고 하자. 회사의 방침과는 반대로 어떤 개인이 이 정보를 비윤리적으로 사용할 수 있는 경우는 무엇인가?

▶ 이런 정보를 요구했을 때 어떤 사람이 더 어려움을 느끼는가? 요구하는 정보가 답을 할 수 없도록 배제하는 내용이라서 스트레스를 받거나 트라우마를 다시 떠올리게 될 수 있는 사람은 누구인가?

이런 질문을 하면 사업개발 부서 사람들로부터 환영받지 못할 수 있다. 그래도 이 문제에 관한 의식을 제고하고 윤리적인 데이터 사용을 강조할 필요가 있다. 그러나 그렇게 변화를 만들고 투명성과 맥락을 더할 수만 있다면, 소외된 사용자의 경험을 더 수월하게 만드는 데 일조할 수 있다.

스스로 '이건 그다지 큰 문제가 아니야. 그냥 양식에서 하나만 선택하면 되는걸.'이라고 생각할 수 있다. 일리 있는 말이다. 따로 떼어서 보면 상대적으로 중요하지 않은 선택이기 때문이다. 그렇지만 소외된 사람들은 하루에도 몇 번씩, 많게는 수십 번씩 그런 작은 배제를 경험한다.

앞에서 언급한 파워스의 사례를 생각해 보자. 핏빗에서 성별 정보를 가입 양식에 입력해야 하는 이유를 설명했다면 어땠을까? 생체 정보 보고용이든 인구통계학 정보 보고용이든, 설명이 있었다면 답하기 쉬웠을 것이다. (물론, 가장 좋은 방법은 다른 선택지를 더 제시하든가 자유롭게 입력할 수 있는 칸을 추가하는 것이었으리라.)

원 메디컬 그룹One Medical Group의 환자 접수 양식(그림 5.3 참조)을 보자. 여기에서는 성별 정보를 요구하는 이유를 설명한다.

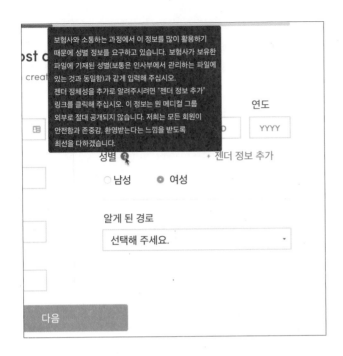

보험사와 소통하는 과정에서 이 정보를 많이 활용하기 때문에 성별 정보를 요구하고 있습니다. 보험사가 보유한 파일에 기재된 성별(보통은 인사부에서 관리하는 파일에 있는 것과 동일함)과 같게 입력해 주십시오.

젠더 정체성을 추가로 알려주시려면 "젠더 정보 추가" 링크를 클릭해 주십시오. 이 정보는 원 메디컬 그룹 외부로 절대 공개되지 않습니다. 저희는 모든 회원이 안전함과 존중감, 환영받는다는 느낌을 받도록 최선을 다하겠습니다.

그림 5.3
원 메디컬 그룹에서 설명하는 생물학적 성 정보가 필요한 이유는 길지만 솔직하다.[5]

포용적인 UX 라이팅하는 법

맥락은 중요하다. 친한 친구와 어울리다 보면 그 친구에게 어떻게 이야기해야 효과적인지, 친구를 어떻게 설명해야 할지 잘 알게 된다. 그렇지만 사용자를 위해 UX 라이팅을 하면 그 사용자가 누가 될지 구체적으로 알 수가 없다. 삶에서 어떤 경험을 했는지도 알지 못한다. 정체성도 모른다.

이제 더 포용적인 UX 라이팅 방법에 관한 가이드를 보게 될 것이다. 그렇지만 두 가지 명심해야 할 것이 있다.

▶ 여기에 나온 내용이 다가 아니다. 이 세상에는 다양한 정체성이 있다. 포용성을 다루는 이 장의 가장 큰 아이러니는 지면의 한계 때문에 수많은 사람을 배제하고 있다

는 점이다. 또한 정체성의 종류는 계속해서 늘어나고 있다. 따라서 업무에서 이 점을 우선시하여 끊임없이 배울 수 있도록 하는 것이 이 책의 목표이다.

▸ 언어에 관한 사고방식이 변하는 데는 시간이 걸린다. 원래는 지적 능력 발달에 장애가 있음을 설명하는 의학 용어였던 '지적장애'가 욕으로 사용되었다. 그런데 충격적이게도 이제는 그조차 구닥다리로 여겨진다. (그렇다고 해도 이 단어를 보았을 때 여전히 기분이 나빴으리라 생각한다.) 사회에서 소외된 사람을 대하는 방식이 달라지는 것에 발맞춰 이들을 설명하는 방식도 달라져야 한다. 언제나 배움을 게을리하지 말자.

특성에 가치를 부여하는 언어 사용하지 않기

사람 우선 언어와 정체성 우선 언어에 정해진 규칙이 있는 것은 아니지만,* 반드시 피해야 할 함정이 있다. 장애가 있는 사람에게 긍정적이든 부정적이든 가치를 부여하는 일이다. 표 5.1의 예를 살펴보자.

표 5.1 정체성을 설명하는 존중의 표현

주의해야 할 표현	휠체어에 묶여 있다. 휠체어에 얽매여 있다.
대체할 수 있는 표현	휠체어를 사용한다. (휠체어는 사용자 입장에서 이동과 접근의 자유를 의미한다는 점을 명심한다.)
주의해야 할 표현	자폐로 고통받는다.
대체할 수 있는 표현	자폐가 있다.

---

* 이 책에 나온 내용만 받아들여서는 안 된다. 미국심리학회는 가능한 편견을 배제하고 명확하고 간결하게 사람을 서술하는 지침(http://supp.apa.org/style/pubman-ch03-00.pdf)을 제공한다. 미국언어학회도 포용적인 글쓰기 가이드라인(https://www.linguisticsociety.org/resource/guidelines-inclusive-language)을 제공한다.

주의해야 할 표현	다시 말하는 법을 배움으로써 역경을 용감하게 이겨냈다.
대체할 수 있는 표현	2년 전에 뇌졸중을 겪은 후 말하는 능력을 되찾았다.

장애가 있는 세계 챔피언의 정체성

장애가 있어 휠체어를 사용하는 내 동생 니나는 위대한 운동선수로 휠체어 농구를 한다. 매일 몇 시간씩 훈련하고, 그 노력이 빛을 발한다. 최근 2019 세계 여자 농구 대회에서 미국 대표팀으로 출전(그림 5.4 참조)했고, 우승을 거머쥐었다! 언론에서 동생에 관한 기사를 낼 때마다 얼마나 그녀가 용감한지, 어떻게 그 모든 역경을 딛고 운동선수가 되었는지, 그런 노력이 얼마나 감동적인지를 이야기한다.

수많은 장애인 운동선수가 이런 어린아이 대하듯 하고 아래로 내려다보는 태도를 경험한다. 그리고 니나도 마찬가지이다. 니나는 "내가 정말 열심히 노력해서 좋은 선수가 된 걸로 감동을 준다는 얘기를 들었으면 좋겠어. 휠체어를 사용해서가 아니라."라고 말했다.

니나의 헌신과 노력은 정말 감동적이다. 어찌나 열심히 훈련했던지 12살 때 (나는 24살이었다) 팔씨름으로 나를 이길 정도였다.

그림 5.4
2019 세계 여자 농구 대회 트로피를 안고 있는 휠체어 농구 선수 니나 웰플

사람을 설명할 때 권위적인 언어 사용하지 않기

누군가의 경험이나 커리어를 바탕으로 사용자에게 적합한 문구를 지레 짐작하는 경우가 많은데, 특히 전문가용 소프트웨어를 개발할 때가 그렇다. 그러나 UX 라이터는 해당 제품을 구매하는 사람이나 잘 알고 있는 사람뿐만 아니라 모든 사용자가 명확하게 이해하고 공감할 수 있도록 문구를 작성하는 것을 목표로 삼아야 한다(표 5.2 참조).

표 5.2 권위적인 언어로 사용자 배제하지 않기

주의해야 할 표현	어도비 포토샵은 그래픽 디자이너, 사진작가, 일러스트레이터, 3D 아티스트를 위한 제품입니다.
대체할 수 있는 표현	어도비 포토샵은 그래픽, 사진, 일러스트, 3D 아트 창작에 도움이 됩니다.

단수형 '그들They'

영어에서는 '그들'을 단수형으로 써도 괜찮다. 사실 그렇게 쓰는 편이 더 좋다. 젠더는 이분법적인 것이 아니다. 점점 많은 사람이 자신을 남성이나 여성으로만 이야기하지 않는다. 따라서 글을 쓸 때 어느 한쪽 성이라고만 생각해서는 안 된다. 성별 대명사를 쓸 때 '그/그녀'나 '그(녀)'라고 쓸 이유도 없다. 대신 그들, 그들을them, 그들의their, 그들의 것theirs, 그들 자신themselves, 심지어 그 자신들themself까지 모두 사용할 수 있다.

그리고 조직 내 문법 권위자가 나타나서 복수 명사를 단수 명사처럼 썼다고 뭐라고 할 수 있다. 그러면 영어의 그들이라는 단어는 복수형으로 사용되기 시작한 지 얼마 되지 않은 14세기부터 단수형으로 썼다는 사실을 친절하게 알려주자.**6** 표 5.3을 참조한다.

표 5.3 '그들'을 사용하여 단순하게 표현하기

주의해야 할 표현	이 양식은 고객 서비스 담당자에게 전달됩니다. 그(녀)가 영업일 기준 1일 이내에 연락을 드릴 것입니다.
대체할 수 있는 표현	이 양식은 고객 서비스 담당자에게 전달됩니다. 그들이 영업일 기준 1일 이내에 연락을 드릴 것입니다.

인터페이스에서 사용자를 대명사로 지칭하는 경우 명심해야 할 몇 가지 사항이 있다.

▷ 사용자의 젠더와 별도로 대명사를 어떻게 쓰면 좋을지 물어본다(이 정보가 아예 필요하지 않은 경우가 대부분이지만). '남성'이라고 해서 모두 '그he/그를him'이라는 대명사를 쓸 것이라 단정 짓지 않는다.

▷ '선호하는' 대명사가 무엇인지 묻지 않는다. 요청해야 할 것이 아니라 사실이기 때문이다.

▷ 이 정보를 사용자가 편집할 수 있도록 한다. 언제라도 사용자가 자신을 지칭하는 대명사를 바꿀 수 있어야 한다.

의료나 의료보험 회사에서 일한다면 법적으로 사용자의 성별 정보를 알아야 할 수 있다. 그러면 출생 시 부여된 성별인지, 법적인 성별인지 구체적으로 물어본다.

포용적 언어에 관한 글 많이 읽기

《의식적인 스타일 가이드Conscious Style Guide》[7]는 UX 라이터가 사람에 관해 서술할 때 배제를 방지하기 위해 고려해야 할 다양한 언어를 다룬 글, 가이드, 사설을 모아둔 웹사이트다. 여기에서 다루는 글의 주제는 종교, 성적 정체성, 젠더, 건강, 나이, 능력에 이르기까지 다양하다. 포용성과 존중 담론에 관한 최신 내용이 집대성된 멋진 곳이다.

의식적으로 포용성 추구하기

잠시 이 책을 집필하는 우리의 개인 신상을 한번 되짚어 보겠다. 우리는 백인, 이성애자, 시스젠더(생물학적 성과 성 정체성이 일치하는 사람), 미국 도심 지역에 거주하는 중산층 남성이다. 그런 정체성을 가진 우리는 많은 특권을 누렸고, 다음의 상황을 겪은 적이 없다.

▶ 성 정체성이 잘못 인식된 경험

▶ 피부색으로 경찰에 부당하게 괴롭힘당한 경험

▶ 젠더를 이유로 구직 기회를 박탈당한 경험

이외에도 우리가 겪지 않아도 됐던 상황은 너무나 많다. 두 사람 모두 여러 가지 가정과 편견에 기반하여 UX 라이팅을 하고 디자인한 적이 있다. 가장 잘 이해하는 청중이 바로 우리 자신이었기 때문이다.

자신을 비롯하여 비슷한 특성을 가진 사람을 위해 디자인하는 것은 쉽다. 자신의 경험, 좋아하거나 싫어하는 것을 고려하면, 자신에게 가장 공감이 가는 방식으로 UX 라이팅을 하는 것은 제2의 천성에 가까운 일이다.

그렇지만 삶에서 기술이 차지하는 비중이 상당히 커지면서 자신이 했던 가정에 질문을 던지고 다른 사람의 요구를 파악하는 일은 필수가 되었다. 포용적인 사고방식을 바탕으로 UX 라이팅을 하거나 디자인하는 것이 낯설다면 실수가 발생할 것이다. 여기서 중요한 점은 그런 실수에 적절하게 대응하고 교훈을 얻어가는 것이다.

우리는 때때로 사람의 성 정체성을 잘못 인식하는 실수를 반복했으며, 정신 질환이나 신체적 장애가 있는 사람을 경시하는 '미친'이나 '절름발이'라는 단어를 사용하기도 했다.

누군가 (개인적으로든 제품의 문구 차원에서든) 이를 지적한다고 방어 모드가 되어서는 안 된다. 그런 피드백을 배움의 기회로 삼고 솔직해져야 한다. "죄송합니다." 또는 "감사합니다. 제가 실수를 했네요. 다음엔 더 잘하도록 노력하겠습니다."라고 말하면 된다.

그렇게 배우면서 함께 일하는 다른 사람에게도 알려주는 기회로 삼는다. 소외된 그룹에 해당하는 사람이 홀로 함께 일하는 팀에 문제를 제기하는 부담을 지게 만들면 안 된다. 그리고 대화에서 이런 주제를 다루면 더욱 포용적인 기술 산업을 만들어갈 수 있을 것이다.

콘텐츠 접근성의 기준

장애가 있는 사람도 제품을 사용할 수 있도록 만드는 일은 그냥 좋은 아이디어가 아니다. 의료나 공공부문 웹사이트처럼 강하게 규제되는 산업에서는 법적으로 보장해야 하는 일이다. 미국의 1973년 재활법 508절에서는 모든 정부 웹사이트와 서비스가 장애인도 접근할 수 있어야 한다고 규정한다. (월드와이드웹World Wide Web이 나오기 16년 전에 어떻게 의회에서 웹사이트 규제 법안을 통과시켰는지 궁금해할 독자를 위해 설명하자면, 이 법은 1998년에 개정되었다.) 영국의 2010년 평등법에서도 정부 웹사이트에 이와 비슷한 기준을 적용하고 있다.

UX 라이터와 디자이너가 콘텐츠의 접근성 수준을 측정하는 표준은 웹 콘텐츠 접근성 지침 버전 2.1(Web Content Accessibility Guidelines, WCAG2)을 따른다. 여기서는 그 지침을 붙여넣지는 않겠지만(시간을 내서 찾아보시길 권한다), 요점만 이야기하면 다음과 같다.[8]

인지 가능성

사용자가 모든 감각을 활용하여 콘텐츠나 작업을 인지하지 못하면 안 된다.

▷ 텍스트가 아닌 콘텐츠에는 대체 텍스트를 제공한다.

▶ 멀티미디어에 자막이나 기타 대안을 제공한다.

▶ 콘텐츠 제작 시 의미를 잃지 않고도 보조공학 등의 여러 방식으로 만들 수 있도록 한다.

▶ 사용자가 콘텐츠를 보다 더 쉽게 보거나 들을 수 있게 만든다.

작동 가능성

인터페이스는 사용자가 수행할 수 없는 상호작용을 요구해서는 안 된다.

▶ 모든 기능을 키보드로도 사용할 수 있도록 한다.

▶ 사용자에게 콘텐츠를 읽고 사용할 충분한 시간을 제공한다.

▶ 발작이나 신체적 반응을 일으킬 수 있는 콘텐츠는 사용하지 않는다.

▶ 사용자가 콘텐츠를 찾아 이동할 수 있도록 돕는다.

▶ 키보드 이외의 다른 입력 방식은 쉽게 할 수 있게 만든다.

NOTE: 화면 깜빡임 주의하기

뇌전증을 앓는 사람은 기기를 통해 보는 내용에 특히 주의해야 한다. 깜빡이는 조명, 밝고 강렬한 색상이 발작을 유발할 수 있기 때문이다. WCAG2는 화면이 1초에 3번 넘게 깜빡이는 동영상을 피하고 번쩍이는 색상의 대비를 줄이도록 권고한다.

이해 가능성

콘텐츠나 작동이 사용자의 이해 범위를 넘어서면 안 된다.

▶ 텍스트를 읽고 이해하기 쉽게 만든다.

▶ 콘텐츠가 예상할 수 있는 방식으로 나타나고 작동하도록 만든다.

▶ 사용자가 실수하지 않도록 하고, 실수했다면 이를 수정하도록 지원한다.

최신 상태 유지

기술과 사용자도 계속 진화하므로, 콘텐츠도 이에 맞춰 계속 접근성이 보장되어야 한다.

▶ 최대한 최신 및 향후 사용자 툴과 호환성을 확보한다.

접근성을 제공하는 UX 라이팅

이러한 기준들(WCAG2 표준)을 충족하기란 쉽지 않지만, 그럴만한 가치는 충분하다. 전형적인 천재 물리학자였던 알베르트 아인슈타인Albert Einstein은 "어리석은 자는 일을 더 크고 복잡하며 극단적으로 만들 수 있다. 그 반대 방향으로 가려면 천재의 손길과 커다란 용기가 필요하다."라고 말했다.

부디 이 책이 접근성을 위한 UX 라이팅을 더 잘하는 데 도움이 되기를 바란다. 지금까지 살펴본 내용은 다음과 같다.

▶ 명확성이 중요한 이유
▶ 에러 메시지와 스트레스 케이스 메시지 구성 방법
▶ 작성한 메시지의 효과 테스트 방법

이 모두가 화면 낭독 프로그램에 들어가는 문구를 더 잘 쓰는 데 도움이 된다. 또한 사용자에게 필요한 경우 추가로 맥락을 제공할 수 있으며, 분석도 훨씬 쉬워진다.

그렇지만 이 내용을 다 읽고도 미처 생각하지 못하는 몇 가지 부분이 있을 것이다.

화면 낭독 프로그램 작업 시 주의할 점

눈이 잘 보이는 사람과 비교하여 눈이 거의 혹은 아예 보이지 않는 사람은 앱이나 웹사이트와 상호작용하는 방식이 매우 다르다. 화면 낭독 프로그램은 화면의 요소를 (할 수 있는 최대한) 분석하고 이를 사용자에게 읽어준다. 그 과정에서 내용이 잘못 전달될 가능성이 매우 많다. 인터페이스 UX 라이터는 화면 낭독 프로그램이 사용자에게 최대한 제대로 된 맥락을 전달하게 만드는 데 가장 중요한 역할을 한다고 볼 수 있다.

화면 낭독 프로그램 작업 시 주의해야 할 사항을 몇 가지 적어보았다.

▷ 눈이 잘 보이는 사람의 읽기 속도는 평균 초당 2~5단어 정도이다. 화면 낭독 프로그램 사용자는 프로그램이 읽어주는 텍스트를 이해하는 속도가 평균 초당 35음절로 상당히 빠르다. 특히 추가적인 맥락이 필요하거나 유용하다고 생각될 때는 명확성을 추구하느라 간결성을 희생할까 봐 고민할 필요가 없다.

▷ 눈으로 보든 귀로 듣든 긴 글을 빠르게 훑어보고 싶은 마음은 모두가 같다. 따라서 긴 글의 경우 제목, 단락 구분, 기타 디자인 베스트 프랙티스 등을 적용하는 것이 매우 중요하다.

공간이 아니라 시간순으로 UX 라이팅 하기

시간순으로 UX 라이팅 하기는 어떤 일을 인터페이스에 공간적으로 표시되는 순서가 아니라 일어나는 순서에 따라 설명하는 것을 말한다. 시간순으로 UX 라이팅을 해야 하는 여러 가지 타당한 이유(기기와 브라우저마다 인터페이스를 다르게 표시하기 때문)가 있다. 그렇지만 화면 낭독 프로그램 적용 사례야말로 시간순으로 UX 라이팅을 해야 하는 이유가 가장 잘 나타난다. 메시지 작성 툴팁이나 온보딩 요소에서 '계속하려면 아래의 확인 버튼을 클릭하세요.' 또는 '문서를 저장하려면 위의 지침을 참조하십시오.' 등의 메시지를 많이 보았을 것이다.

화면 낭독 프로그램은 본연의 기능에 충실하게 이런 지침을 읽어줄 것이다. 그러나 이를 듣는 사용자는 문구와 개체 간의 공간적인 관계를 볼 수 없는 사람이다. 물론 이런 사용자 대부분이 그 상황에 잘 대처하지만, 따지고 보면 그래야 할 필요가 없다. 자신의 언어권에서 화면 낭독 프로그램을 사용하는 사람을 생각해 보자. 전 인류가 보편적으로 하는 경험을 받아들이고, 모두가 선천적으로 이해하고 있는 맨 위는 처음, 맨 아래는 마지막이라는 패러다임을 활용한다. 그리고 그림 5.5처럼 시간순으로 UX 라이팅을 한다.

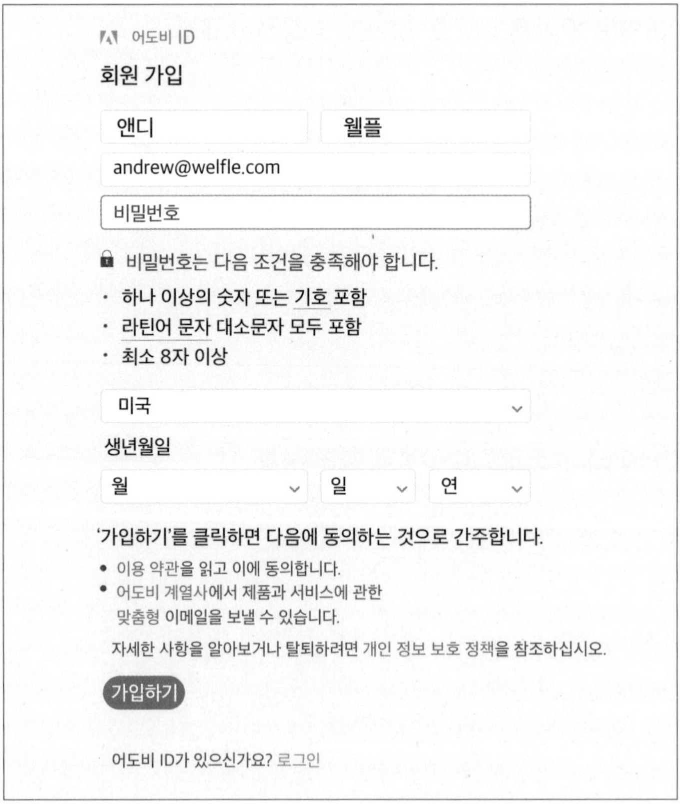

그림 5.5
비밀번호 필드 아래에 있는 비밀번호 조합 관련 마이크로카피는 아직 이 부분까지 듣지 못한 화면 낭독 프로그램 사용자에게는 도움이 되지 못한다.

▶ 계속하려면 아래의 확인 버튼을 클릭하세요.

▶ (페이지 맨 위로 이동하는 버튼): 위로 이동

이렇게 말하는 것보다는

▶ 다음으로 확인 버튼을 눌러 계속하십시오.

▶ 시작 지점으로 이동

이렇게 말하는 것이 더 좋다.

UX 라이팅은 왼쪽에서 오른쪽으로, 위에서 아래로

UX 라이팅에 공간적인 의미를 담으면 안 되지만, 그래도 공간적인 순서를 염두에 두어야 한다.

어떤 서비스나 제품을 구매했는데 구매 전에는 알지 못했던 조건을 나중에서야 알게 된 경험이 있는가? 어떤 기기에 배터리가 포함이 안 되었다던가 어떤 소셜 네트워크에 가입했더니 제3자 광고사에 데이터를 제공하는 것으로 처리되었다든지 하는 것처럼 말이다.

화면 낭독 프로그램 사용자는 이런 상황을 늘 겪는다.

화면 낭독 프로그램 사용자 대부분은 정보를 왼쪽에서 오른쪽, 위에서 아래로 분석한다.* 문구의 순서와 배치를 검토할 때 몇 가지 사항을 고려한다. 정보가 어떤 작업을 수행하거나 결정을 내리는 데 필수적인데 그림 5.5에서처럼 그 작업 항목의 다음(오른쪽이나 아래)에 표시되는가? 그렇다면 인터페이스에서 이 부분을 위로 올리는 것도 생각해야 한다.

어떤 동작에 필수적인 정보(비밀번호 설정 규칙이나 다음 단계로 넘어가기 전에 이용 약관에 동의하는 것 등)가 있다면, 이를 해당 텍스트 필드나 동작 버튼 앞에 놓는다. 이 내용이 툴팁이나 정보 버튼의 형태로 숨겨져 있는 경우, 사용자가 결정을 내리는 지점에 이르기 전에 이를 표시하도록 한다.

---

* 개발자와 협업하는 중이라면 이들로부터 키보드 포커스 전환(keyboard focus shift)이 이루어지는 순서를 듣는 것이 좋다. 맨 위 가장 오른쪽에 있는 요소가 순서상으로 가장 마지막 항목일 경우가 가끔 있다.

색상이나 아이콘만 사용하지 않기

눈이 잘 보이는 미국인 디지털 제품 사용자라면 어떤 메시지가 빨간색으로 되어 있으면 이를 경고 또는 에러라고 해석할 가능성이 크다. 그리고 메시지가 초록색이라면 성공과 연관 지어 생각할 것이다. 이런 사용자에게는 색상이 의미 전달에 도움이 되지만, 다른 문화권의 사용자가 보기에도 색상의 의미가 같으리라는 보장은 없다.

예를 들어, 미국에서 빨간색은 (대체로) 흥분이나 위험을 의미하지만, 다른 문화권에서는 전혀 다른 의미일 수 있다. 중국에서 빨간색은 행운을 의미한다. 구소련에 속했던 동유럽 국가에서 빨간색은 공산주의를 연상시키는 경향이 강하다. 반면 인도에서는 순수함을 의미한다.

또 다른 예로 미국에서 노란색은 '주의'를 의미(교통 신호에서 비롯된 상징)하지만, 다른 문화권에서는 전혀 다른 의미일 수 있다. 라틴아메리카에서 노란색은 죽음을 연상시킨다. 반면 아시아 문화권에서 노란색은 왕실의 색상으로 사용되어 신성함과 제국을 의미한다.

색각이상이 있거나 눈이 거의 혹은 아예 안 보이는 사람의 경우는 어떤가? 화면 낭독 프로그램을 사용하는 사용자는 또 어떻겠는가? 인터페이스 색상의 내재적인 의미는 이런 사용자에게는 아무런 의미도 없다. 그림 5.6처럼 맥락을 이해할 수 있는 문구를 추가하여 메시지를 귀로 들었을 때 정확히 무슨 말인지 이해할 수 있도록 한다.

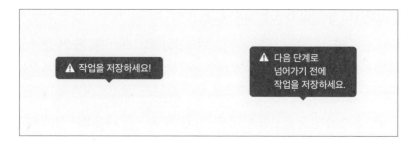

그림 5.6
사용자에게 다음 단계로 넘어가기 전에 저장하라는 간결한 인앱in-app 메시지는 왼쪽처럼 빨간
색에 경고 아이콘을 넣으면 시각적으로 효과적이다. 그러나 이럴 때는 될 수 있으면 맥락을 더 제
공해야 한다. 오른쪽의 경우 작업을 저장하지 않으면 다음 단계를 진행할 수 없다는 내용을 표시
하고 있다.

행동이 아니라 동작을 설명하기

터치를 우선하는 인터페이스가 점점 더 많이 사용되면서 키보드와 마우
스 인터페이스를 대체하고 있다. 이제 사용자는 링크나 버튼을 '클릭'하지
않는다. 음성 인터페이스나 적응형 기기를 사용하는 경우라면 '탭'할 필요
도 없게 된다.

- ▶ 클릭하다
- ▶ 탭하다
- ▶ 누르다
- ▶ 보다

이런 행동을 포함하는 마이크로카피를 사용하는 것이 아니라, 인터페이
스와 관계없이 기기에 관한 지식이 없어도 이해할 수 있는 단어로 동작을
설명한다.

- ▶ 선택하다
- ▶ 선정하다
- ▶ 확인하다

이 규칙에는 예외가 수없이 많다. 인터페이스에서 어떤 작업이 특정 기능을 실행하는 데 필요하다면 사용자에게 제스처가 인터페이스에 어떻게 영향을 미치는지 알려주어야 한다(예: 손가락을 모아 축소). 그리고 이 행동을 설명해야 한다. 그렇지만 일반적으로 인터페이스 자체의 맥락에서 이뤄지는 작업에 초점을 맞추면 카피는 더 단순하고 간결하게 작성될 것이다.

아이콘도 마찬가지이다. 전형적인 플레이스테이션Playstation 컨트롤러 버튼 레이아웃(그림 5.7 참조)만 봐도 그렇다. 예전부터 플레이했던 게이머라면 이 버튼이 보통 무슨 의미인지 알 것이다. 그러나 플레이스테이션 플랫폼을 처음 플레이하는 게이머에게는 무슨 의미인지 명확하지 않을 수 있다. 플레이스테이션 하드웨어 디자이너 고토 테이유後藤禎祐는 2010년에 게임 웹진 1UP과의 인터뷰에서 컨트롤러 버튼의 색상과 모양을 결정한 배경을 이야기했다.

> 저는 각 심볼에 의미와 색상을 부여했습니다. 세모는 시점을 말하죠. 머리나 방향을 표시하면서 녹색을 썼습니다. 네모는 종이를 말해요. 메뉴나 문서를 의미하며 분홍색을 썼습니다. 동그라미와 엑스는 각각 '예'와 '아니요'를 말합니다. 각각 빨간색과 파란색을 썼어요. 다른 사람들은 색상 선정이 잘못된 것 같다고 생각했지만, 저는 경영진에게 제가 원하는 바가 이것이라고 강하게 얘기했습니다.

일본어로 엑스는 '바쓰ばつ'라고 발음하며 '아니요, 틀리다, 뒤로 가다' 정도의 의미를 나타낸다. 비슷하게 동그라미는 '마루まる'라고 발음하며 '예, 계속하다' 등의 의미가 있다.

그러나 소니Sony는 서구 시장에 플레이스테이션을 출시하면서 이 동작을 서로 바꾸었다. '엑스'에 여전히 부정적인 의미(많은 사람이 무언가를 지울 때 엑스 표시를 하듯)가 있기는 하지만, 동그라미의 의미가 일본에서처럼 명확하게 느껴지지 않았기 때문이다. 따라서 서구권 출시를 담당하는 팀에서 '엑스'를 목표물을 표시하는 용도로 해석했을 수 있다(게임 전문 매거진 《버지Verge》는 2019년 기사에서 버튼 동작이 바뀐 근거로 '엑스'를 자리 표시용으로 해석했을 수 있다는 가설을 제기했다).[9]

그림 5.7
플레이스테이션 컨트롤러의 오른쪽에 있는 동작 버튼은 플레이스테이션 1이 1994년에 출시된 이래로 변함이 없었다. 그러나 버튼 아이콘이 의미하는 바가 무엇인지에 관하여 전 세계적으로 상당한 혼란이 일었다.

플레이스테이션은 곧 서구권 시장에 출시되었고, 미국과 유럽 개발자들은 플레이스테이션용 게임을 개발했다. 이런 게임이 일본어로 번역되었지만, 서구식 아이콘 사용(엑스-예/동그라미-아니요)은 일본 플레이어를 혼란에 빠지게 했다.

2019년 3월, 마침내 플레이스테이션 4의 펌웨어 업데이트가 출시되었다. 이를 통해 플레이어가 '입력' 버튼을 원하는 대로 설정할 수 있게 되었다. 그러나 애초에 이 문제가 발생한 것은 플레이스테이션이 버튼에 그려진 아이콘 모양에 기반해 모든 버튼 조합을 개발했기 때문이다. 이 아이콘의 용도와 기능에 관한 맥락이 거의 제공되지 않았고, 전 세계에서 플레이스테이션 플랫폼이 성장하면서 엄청난 혼란을 초래한 것이다.

이는 인터페이스를 구성하는 방식에 근본적으로 영향을 미치며, 디자이너 및 심지어는 프로덕트 오너와의 협업이 필요하다.

자신에게 맞는 방법을 찾아서

제품에 인클루시브 디자인을 적용하는 데 얼마나 많은 주의와 관심을 기울이는지 정확하게 측정하기는 어렵다. 그러나 접근성이나 포용성을 고려하고, 사용자를 더 오랫동안 깊이 관찰한다면 제품은 반드시 더 좋아진다.

규제 산업이나 정부 서비스 산업에서 일한다면 포용성을 의무적으로 구현해야 할 것이다. 그러나 그렇지 않다면 접근성과 포용성 교육을 받는 것도 좋다. 이번 장이 도움이 되었다면 좀 더 형식적인 내용에서 가치를 찾을 수 있을 것이다.

포용적이고 접근성 있는 경험은 기술을 더 인간적이고 따뜻하게 만든다. 이는 필요하면 넣는 부가 기능이.아니다. 자신이 일하는 방식에 새겨져 있어야 한다.

6장

보이스란 무엇인가

6

안개 낀 아침 샌프란시스코의 거리. 자동차의 경적이 몇 초에 한 번씩 차가운 회색빛의 안개를 뚫고 가는 것을 제외하고는 밤인지 낮인지도 구별되지 않는다. 한 사립 탐정이 4층 사무실에 앉아 아침으로 커피 한 모금에 담배를 태웠다. 전화가 울렸다. 그는 책상 위에 걸쳤던 다리를 내리고 앞으로 기대어 전화를 받는다.

"안녕(Hi-diddly-ho), 친구!"

윗글의 앞부분에 나온 서술과 끝에 등장한 인물의 말투가 얼마나 어울리지 않는지 보자. 글을 읽으며 대실 해밋Dashiell Hammett* 소설에 나올법한 냉소적이지만 마음은 따뜻한 백전노장을 기대했을 것이다. 그러나 등장한 인물은 언제나 낙관적이고 별로 재미없는 사람이다.《심슨네 가족들The Simpsons》의 네드 플랜더스Ned Flanders가 샌프란시스코의 새내기 형사가 된 이야기가 아니라면, 이 글을 쓴 작가는 책의 맥락과 보이스를 일치시키는 데 실패했다고 하겠다.

이 책을 읽는 여러분도 같은 길을 걸을 필요는 없다! 제품의 보이스는 사용자와 관계를 형성하는 데 도움이 된다. 상호작용을 통해 사용자 기대를 자극하고 동기를 부여하며, 브랜드와 그 브랜드에서 만드는 제품을 직접적으로 연결한다.

---

* 1900년대 초 유명 추리소설 작가로 할리우드 누아르 영화에 많은 영향을 미쳤다.

또한 UX 라이터 팀 전체가 같은 수준으로 이해하도록 하여 일관되고 정돈된 콘텐츠를 생산하는 데 유용하다. 효과적인 보이스 전략은 추상적인 기업, 제품, 혹은 그 외 사람이 만든 작업 결과물에 현실감을 부여한다. 또한, 이러한 전략은 UX 라이터가 UX 콘텐츠의 스타일, 문법, 대명사 사용 등에 관해 구체적으로 결정할 수 있게 도와준다.

제품의 보이스 찾기

보이스의 개발과 유지는 끊임없이 계속되는 일이다. 이 일의 대가大家가 바로 슬랙(많은 기업에서 활용하는 협업 및 메시지 플랫폼)에서 브랜드 커뮤니케이션을 이끄는 아나 피카드Anna Pickard이다.

"저는 UX 라이터 관리자로 슬랙에 채용되었어요. 그런데 정도는 다르더라도 이 회사는 다 글 쓰는 사람들로 구성되었거든요. 모두가 글을 잘 써요. 창립자도 철학 박사 과정을 밟는 중이었고, 다른 사람들도 영어를 전공으로 했고요."

피카드의 업무는 UX 라이팅보다는 문서화와 이를 관리하는 것에 주안점을 둔 듯했다. 그녀는 슬랙의 진정한 보이스를 찾아가기 시작했다. 이를 위해 전략적인 UX 라이팅 스타일이 중요한 곳, 즉 '보이스가 나타나는' 모든 영역을 검토했다. 그 결과 슬랙 앱의 전체적인 보이스가 중구난방이라는 점을 알게 되었다.

"그런 보이스는 '슬랙에 오신 것을 환영합니다.' 또는 '슬랙봇입니다. 제가 약간 멍청할 수 있지만, 최선을 다 할게요.'와 같은 슬랙봇Slackbot의 초기 스크립트에서 나타났어요." (그림 6.1 참조)

안녕하세요, 슬랙봇입니다.

 슬랙봇과 메시지를 주고받는 첫발을 떼셨네요. 슬랙봇은 약간 멍청할 수 있지만, 최선을 다해 도와드릴 겁니다.

 팁: 이 메시지 영역을 개인 메모장처럼 활용하세요. 여기에 입력하는 내용은 비공개이지만, 여러분의 개별 검색 결과에 표시된답니다. 메모, 주소, 링크 등 기록하고 싶은 모든 것을 기록해 두기에 좋아요.

 더 많은 팁과 뉴스 및 공지를 보시려면 트위터 @slackhq 계정을 팔로우하시고 #changelog로 검색해 보세요.

그림 6.1
2013년 슬랙의 보이스가 나타난 영역인 슬랙봇이다. 슬랙에서 자동화된 메타 메시지가 표시되는 영역으로, 온보딩 투어 가이드, 업무 알림, 계정 관리 가이드 등이 나와 있다.

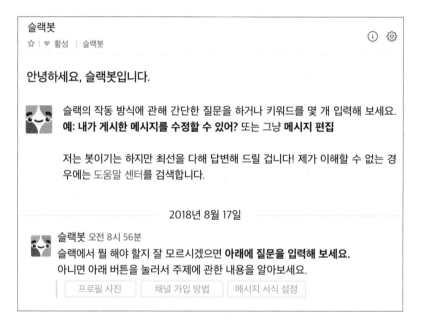

그림 6.2
2019년 4월 현재 슬랙봇의 메시지

피카드는 '보이스'가 제품이 표현하는 인격만을 의미하는 것이 아니라는 것을 분명하게 인지했다. 보이스는 스타일, 단어 선택, 구조, 편집 관점 모두를 아우르는 것이었다. 슬랙의 제품 사이트는 기업의 최전선에서 브랜드 전체를 대표하고 있었다. 2019년에 슬랙봇의 환영 메시지가 어떻게 바뀌었는지 그림 6.2를 보면 확인할 수 있다.

이번 장에서는 '보이스'를 다룰 것이다. 어떤 전략적 의미가 있는지, 디지털 경험에서 어떻게 보이스를 글로 옮기고 전술적으로 구현하는지를 살펴보겠다.

브랜드 보이스 VS 제품 보이스

브랜드 보이스와 제품 보이스를 혼동하는 경우가 꽤 많다. 그럴 만도 하다. 이 둘이 같을 때도 있지만, 전혀 다를 때도 있기 때문이다. 어떤 기업은 제품 보이스가 주가 된다. 다른 기업은 제품에 브랜드가 주도하는 보이스를 활용한다. 이 둘의 차이를 살펴보자.

브랜드 보이스는 브랜드를 글로 일관되게 목표 지향적으로 나타내는 것이다. 대상과 관계를 맺거나 그들에게 고객이 되도록 동기를 부여하는 것이 목적이다. 그리고 브랜드가 사람이라고 가정했을 때 이 사람이 말하고 쓰는 방법을 말한다. 즉, 브랜드의 개성을 나타내는 것이다. 그러므로 기업이 만드는 모든 것(브로셔, 고객 서비스 전화 연락망, 명함, 웹사이트, 소셜 미디어, 앱 등)에서 드러나야 한다. 직원은 이런 '브랜드 보이스'에 따라 말하고 쓰는 방법을 교육받게 된다.

제품 보이스는 이보다는 조금 전술적이다. 당연히 브랜드 보이스의 범위 내에서 이를 전달해야 하지만, 목표가 훨씬 지엽적이고 제약 사항이 더욱 엄격할 수 있다. 브랜드에서 만드는 앱, 웹사이트 또는 디지털 제품이 어떻게 말해야 하는지를 규정한다.

이 둘이 같을 때도 있다. (피카드가 근무하기 시작했던 슬랙처럼) 소규모 조직에서 하나의 앱을 만드는 경우, 브랜드 보이스와 제품 보이스가 서로 뒤섞여 별 차이가 없게 된다. 많은 대상을 상대로 다양한 제품을 만드는 대기업의 경우, 또는 제품이 기업에서 차지하는 비중이 아주 작은 경우라면 둘 사이의 경계가 더 명확할 수 있다.

어도비 사례를 살펴보자. 어도비는 창작 업무를 하는 사람, 사무직 근로자, 마케터를 위해 디지털 제품을 만드는 기술 대기업이다. 즉, 매우 다양한 경험과 목표를 가진 수많은 사람을 포함한다는 말이다. 그렇다면 어도비의 브랜드 보이스가 이 모든 사람과 교감하면서도 하나의 일관된 브랜드처럼 들리는 방법은 무엇일까?

어도비의 브랜드 전략팀은 이를 위해 몇 가지 핵심 원칙을 세웠다.

- ▶ 매력적일 것
- ▶ 고무적일 것
- ▶ 참신할 것
- ▶ 적극적일 것
- ▶ 이해하기 쉬울 것
- ▶ 자세히 설명할 것

이 원칙은 모두 더할 나위 없이 훌륭하며, UX 라이터에게 UX 라이팅의 범위를 가늠할 수 있게 해 준다. 그러나 마이크로카피 하나를 써야 할 경우, '매력적'이거나 '고무적'으로 쓰고 모든 특성을 충족할 수 있는 여지가 거의 없다. 이럴 경우 주된 목표는 다음이 된다.

- ▶ 사용자가 할 동작을 명확하게 설명할 것
- ▶ 사용자가 자신이 상호작용하는 개념을 이해하도록 할 것
- ▶ 사용자의 인지에 부담을 주지 않도록 간결함과 적당한 길이의 설명 간의 균형을 잡을 것

물론 브랜드 보이스도 이런 목표를 달성하려고 하지만, 제품 사용자의

경험이 아니라 브랜드에 기여하는 데 궁극적인 목적이 있다. 보이스 전략 수립의 장점은 브랜드든 제품이든 전략 수립 방법이 동일하다는 것이다.

소규모 인원과 보이스 전략을 세워라

대기업이나 결재를 받기 어려운 곳에서 일한다면 팀이 사용할 수 있는 제품 보이스 가이드라인을 가볍고 비공식적으로 만드는 것이 좋다. 적합한 보이스를 찾기 위해 CEO나 마케팅 관련 담당자를 모두 참여시키기보다는 함께 일하는 팀과 협업한다.

더 광범위한 브랜드 보이스와 연관되어 있고 이를 바탕으로 하는 한, 이런 방법은 수많은 회의와 결재를 거치지 않고도 보이스의 일관성을 유지하는 데 필요한 리소스를 UX 라이터에게 제공하기에 매우 적합하다.

나도 과거 여러 팀에서 이렇게 일한 적이 있었다. 보통 공유 문서나 위키 페이지를 만들어 예시와 함께 변경 사항을 관리했다.

보이스의 특성을 설정하라

UX 라이팅 방법을 안내하는 규칙을 설정하기 전에, 우선 그 보이스가 어떻게 들리기를 바라는지부터 생각해야 한다. 애플(그림 6.3 참조)처럼 단순하지만 강력하게 쓸 것인가? 캐피털원Capital one처럼 참신하고 명료하며 설득력 있기를 바라는가? 어도비처럼 예술과 과학의 교차로에 있다는 것을 보여주고 싶은가? 여기서 브랜딩 활동(아직 진행되지 않았다면)이 도움이 된다. 그러나 그렇게 하지 않아도 스스로 원칙을 수립하여 자신의 일을 설명하는 데 활용할 수 있다.

그림 6.3
애플 뮤직 온보딩 화면에서 볼 수 있는 것처럼 애플의 보이스는 강력하지만 간결하다.

에어비앤비Airbnb의 능력 있는 콘텐츠 전략팀은 많은 시간을 들여 보이스 원칙을 세웠다. 그들이 만든 제품 보이스 원칙은 다음과 같다.

▶ 솔직할 것
▶ 포용적일 것
▶ 배려할 것
▶ 활달할 것

마지막으로 에어비앤비를 사용했던 경험(사용해 본 적이 있다면)을 떠올려 보자. 그림 6.4에 나타난 것처럼 에어비앤비가 설정한 제품 보이스 원칙이 웹사이트의 인터페이스 라이팅에도 나타나는 것을 알 수 있을 것이다.

이런 원칙이 적용된 결과물은 단순하고 솔직해 보인다. 그러나 각 단어는 치열한 토론, 테스트, 유의어 활용 검토, 설득의 과정을 거쳐 마침내 사용 허가를 받았을 것이다. 에어비앤비에서는 현재 사용 중인 보이스와 관련한 문서와 예시를 공개하지 않기로 했다. 그렇지만 다음에 에어비앤비를 사용할 때 인터페이스를 편집자의 눈으로 살펴보자. 그러면 UX 라이팅에 이런

Safety by design

Airbnb is designed with safety—both online and off—in mind

위험도 분석

모든 에어비앤비 예약은 확정되기 전에 위험도를 분석합니다. 에어비앤비는 예측 분석 기술과 머신 러닝으로 수백 가지의 신호를 즉시 분석하여 의심스러운 요소를 사전에 탐지하고 조사합니다.

보안리스트 및 신원 확인

모든 조사 시스템이 완벽하지는 않지만 에어비앤비는 전 세계 호스트와 게스트를 대상으로 단속, 테러 용의자, 제재 대상국 명단에 올라있는지 확인합니다. 미국의 호스트와 게스트에 대해서는 신원 조사도 진행합니다.

만반의 준비

에어비앤비는 호스트 및 현지 전문가와 함께 안전 관련 워크숍을 개최하며 호스트가 현지 긴급연락처 정보를 게스트에게 제공하도록 권장합니다. 호스트는 무료로 제공되는 연기/일산화탄소 탐지기(1개)를 신청하여 숙소에 설치할 수 있습니다.

안전한 결제 시스템

에어비앤비의 보안 플랫폼을 이용하면 요금이 호스트에게 안전하게 전달됩니다. 안전한 결제를 위해 반드시 에어비앤비를 통해 결제하고, 은행 송금이나 현금 거래로 요금을 지불하지 마세요.

계정 보호

에어비앤비는 모든 회원의 계정 보호를 위해 다양한 조치를 취하고 있습니다. 예를 들어, 새로운 전화기나 컴퓨터에서 로그인할 때 다중 인증을 요구하거나 변경 사항이 있을 때 회원님의 계정으로 알림을 보내드립니다.

사기 방지

메시지를 주고받거나 결제를 할 때는 항상 에어비앤비 웹사이트나 앱을 이용하세요. 에어비앤비는 커뮤니케이션, 예약, 결제에 이르는 모든 과정에 걸쳐 다중 방어 전략으로 사용자를 보호합니다.

그림 6.4

에어비앤비의 안전 정보 페이지이다. 솔직하고, 포용적이며, 활달하고, 사용자를 배려하는 보이스 원칙이 구현되어 있다.

원칙이 적용되어 있음이 보일 것이다. 보이스 원칙을 문서화하고 표현하는 방법에는 여러 가지가 있는데, 여기에서는 두 가지를 살펴보고자 한다.

저것 대신 이것

니콜 펜튼과 케이트 키퍼 리Kate Kiefer Lee는 《스타일과 목적을 살리는 웹 글쓰기》에서 저것 대신 이것이라는 브랜드 보이스 개발법을 소개했다. 그 내용은 다음과 같다.

> 방법은 단순하다. 브랜드를 묘사하는 단어를 나열하고 각 단어가 의미하지 않는 바를 설명한다. 이 두 번째 단어가 각 개성의 특성을 더 잘 이해하도록 한다.

펜튼과 키퍼 리는 유명한 이메일 뉴스레터 및 마케팅 소프트웨어 기업인 메일침프MailChimp의 보이스 설명서를 활용해 이를 설명했다. 메일침프는 특유의 경쾌함과 프레디Freddie라는 원숭이 마스코트로 잘 알려져 있는 B2B 기업이다. 저자들이 '저것 대신 이것'으로 정리한 메일침프의 보이스는 다음과 같다.

▶ 웃기지만 유치하지 않다.
▶ 기발하지만 우스꽝스럽지 않다.
▶ 자신감 있지만 오만하지 않다.
▶ 똑똑하지만 지루하지 않다.
▶ 쿨하지만 소외시키지 않는다.
▶ 격식이 없지만 엉성하지 않다.
▶ 도움이 되지만 거만하지 않다.
▶ 전문성이 있지만 권위적이지 않다.
▶ 특이하지만 부적절하지 않다.

보이스 특성을 기록하는 흥미로운 방식이다. 앞쪽의 특성은 기준선이다. 두 번째 특성은 첫 번째 특성과 반대되는 것은 아니지만, 기준이 되는 특성이 과도할 경우 나타날 수 있는 특성을 의미한다. 따라서 앞쪽에 나온 특성의 최대한의 허용선이 된다.

안내자 역할을 하는 보이스 원칙

2018년에 메일침프는 대대적인 리브랜딩을 발표했다. 새로운 로고 및 더 '성숙한' 브랜드 타이포그래피 체계와 함께 보이스 원칙을 새로 수립했다.

이때 메일침프는 단순하고 서술형인 선언문에 약간의 고유한 색과 뉘앙스를 담기로 했다. 이 새로운 지침은 북극성으로서 팀이 목표로 삼을 수 있는 안내자 역할을 했다. 보이스를 UX 라이팅에 어떻게 적용해야 할지에 관한 대화를 시작하는 지점으로 이를 활용할 수 있다.

이 책을 집필하는 시기를 기준으로, 메일침프에서 밝힌 원칙은 다음과 같다.[1]

1. 우리는 알기 쉽게 씁니다. 우리는 고객이 살아가는 세상을 이해합니다. 이 세상에는 과장된 언어, 업셀링(upselling, 더 비싼 제품을 구매하도록 하는 기법), 지키지 못할 약속이 난무하죠. 우리는 이런 요소를 모두 빼고 명료함을 그 무엇보다 중요하게 여깁니다. 메일침프를 찾는 기업은 원하는 일을 완료하기를 바랍니다. 따라서 우리는 현란한 비유와 저급한 감정 호소 등의 불필요한 요소를 배제합니다.

2. 우리는 진심을 담습니다. 우리는 소규모 기업을 이해합니다. 우리 역시 얼마 전까지는 그랬으니까요. 우리는 고객의 어려움과 열정을 이해하고, 친절하고 상냥하며 따뜻한 방식으로 고객에게 이야기합니다.

3. 우리는 번역가입니다. 전문가만이 어려운 것을 쉽게 보일 수 있게 할 수 있죠. 우리의 일은 B2B 용어를 알기 쉽게 설명하고 교육하는 것입니다.

4. 우리의 유머는 건조합니다. 우리의 유머 감각은 솔직하고 미묘하며 약간의 괴짜 같은 면이 있습니다. 우리는 특이하지만 부적절하지 않고, 똑똑하지만 잘난 체하지 않

습니다. 우리는 소리 지르는 것보다 윙크를 좋아합니다. 우리는 절대 거들먹거리거나 배타적이지 않습니다. 언제나 고객이 농담을 받아들일 수 있도록 합니다.

이 네 가지 원칙이 이전의 원칙보다 더 발전했음을 알 수 있다. 특히, 유머와 관련된 4번 원칙의 추가 설명에 "똑똑하지만 잘난 체하지 않는다", "특이하지만 부적절하지 않다"와 같은 '저것 대신 이것' 원칙이 포함되었다.

이런 원칙이 훌륭한 것은 사업 목표와 브랜드 창의성 사이의 빈틈을 메워주기 때문이다. 메일침프는 사용하기에 아주 재미있고 즐거움을 주는 것으로 명성을 쌓아 왔다. 그런 즐거움이 디자인, 카피, 작업 흐름 전반에 배어 있었다. 그러나 (추측컨데) 몇몇 대기업들은 이것이 전문적이지 않다고 느끼고 메일침프보다 진중한 서비스에 가입했을 가능성이 크다. 이러한 맥락에서 4번 원칙은 메일침프의 UX 라이터(제품 보이스 원칙 읽기를 좋아하는 우리 같은 사람 포함)에게 지켜야 할 선을 알려준다. 즉, 글에 은근한 유머를 더할 순 있지만 이를 위해 명료성, 교육적 역할, 진정성을 희생해서는 안 된다는 것이다. 그리고 이 네 가지 원칙 모두에서 고객을 언급하며 UX 라이팅을 할 때 언제나 고객을 생각하고 있음을 보여준다.

원칙을 수립하는 실용적인 팁

이런 원칙을 활용하여 더 심층적으로 들어가 특정한 관점을 중심으로 UX 라이터의 이해도를 일치시키는 스타일을 결정할 수 있다. 예를 들어 제품의 보이스 원칙이 '인간적'이거나 '구어체지만 관용 표현은 쓰지 않는' 것이라고 해보자. 사람이 이야기하는 것처럼 들리면서도, 너무 극단적으로 특정 문화권에서만 쓰는 표현은 쓰지 않도록 할 실용적인 방법을 찾아야 한다. 실제로 사람들이 어떻게 대화하는가? 우선 다음과 같이 할 것이다.

▶ 자연스럽게 읽히도록 문장 길이와 구조를 다양하게 활용한다.
▶ (영어의 경우) 축약형을 사용한다(예: isn't, you'll).

▶ 작성한 글을 소리 내어 읽어보고 부자연스럽지 않도록 한다.

더 큰 규모의 보이스 설명서를 관리하거나 작성하는 경우, 성공적으로 테스트를 통과한 메시지의 패턴을 발견하는 것부터 시작하면 된다. 그다음에 브랜드와 동떨어진 것으로 보이는 마이크로카피와 메시지 또는 더 큰 체계에 부합하지 않는 보이스를 검토한다. 팀과 함께, 혹은 담당자가 자기 혼자라면 다른 프로덕트 오너와 디자이너와 다음 사항을 토론한다.

▶ 왜 보이스에서 벗어난 것처럼 보이는가?
▶ 보이스에 부합하도록 어떻게 변경할 것인가?

이 토론 내용을 기록으로 남기고 보이스 설명서에도 추가한다. 훌륭한 보이스 체계는 언제나 발전한다.

중요한 건 가이드라인이 아니다

웹에 공개된 훌륭한 보이스 가이드라인은 얼마든지 있다. 그렇지만 그런 가이드라인이 여러분이 개발하는 제품에서 보이스가 어떻게 사용되는지만큼 중요하지 않다는 점을 기억해야 한다.

나는 커리어를 쌓는 동안 한 번도 완전히 정제되고 대중에게 공개된 보이스 가이드라인을 보유한 조직에서 일해 본 적이 없다. 그러나 보이스는 내가 제품과 관련하여 글을 쓰고 디자인하는 데 중요한 요소였다. 나는 다음과 같은 방법으로 보이스 아이디어를 전파했다.

▶ 제품 비전과 기획에 영향을 미친다.
▶ 디자인 산출물에 보이스에 관한 설명을 포함한다.
▶ 내 작업을 발표하면서 보이스 결정에 관한 이야기를 한다.

달성하려는 바를 이해하는 것이 중요하지, 훌륭한 가이드라인을 가졌는지의 여부는 중요치 않다. 최종 제품에 영향을 미치지 못하는 가이드라인은 무용지물이다.

반드시 지켜야 하는 세 가지 원칙

디지털 경험을 위한 보이스 원칙 대부분을 관통하는 공통점이 있다. 브랜드의 정수를 담아내는 것도 중요하지만, 이는 UX 라이팅의 중요성에 깔린 세 가지 원칙을 충족하는 방향으로 이루어져야 한다. 여기서는 그동안 업계에서 관찰되고 필자의 업무에도 적용했던 세 가지 원칙인 명확성, 간결함, 인간미를 가장 중요한 순으로 이야기하려고 한다.

보이스 원칙을 수립할 때 이런 특성이 제품의 비전에 어떻게 부합하는지를 고려해 보기 바란다.

명확성

명확성에 대해서는 3장에서 다루었다. 사용자에게 불분명한 인터페이스만큼 짜증 나는 일은 없다. 개념, 아이디어, 동작을 이해하고 받아들일 수 있는 덩어리로 세분화하는 것이 핵심이다. 브랜드 보이스를 결정할 때 명확성을 희생해서는 절대 안 된다.

간결함

사용자가 제품과 커뮤니케이션하는 시공간은 한정적이다. 명확성을 해치지 않는 한, 가능한 한 단순하게 요점만 이야기하는 것이 좋다. 글을 쓰는 사람의 필독서인 《영어 글쓰기의 기본》에서 스트렁크Strunk와 화이트White는 "불필요한 단어를 생략하라."라고 말한다. 우리는 여기서 한 걸음 더 나아가 사용자에게 제시하는 개념, 용어, 동작, 아이디어를 뽑아내는 데 집중한다. 따라서 UX 라이팅의 경우에는 "불필요한 정보를 생략하라."가 더 적합한 표현이 되겠다.

인간미

명확성과 간결함을 갖춘 다음, UX 라이팅에 자연스러운 리듬과 대화
형 흐름, 공감을 추가하면 인터페이스 문구를 읽는 사람과 사용자의 반감
을 줄일 수 있다. 그렇다고 비속어를 쓰거나 관용어구를 남발하라는 것은
아니다. 포용적인 UX 라이팅이 목표라는 것을 기억해야 한다. 비속어는 그
뜻을 아는 사람만 이해할 수 있으므로 제품이 목표로 하는 대상을 제한하
게 된다.

앞서 소개한 슬랙의 UX 라이터 관리자인 피카드는 이 세 가지 보편적
인 원칙(슬랙도 실제로 이를 보이스 원칙으로 삼고 있다)이 슬랙의 사명 선언인 "더
욱 간편하고 즐겁고 생산적인 업무 환경을 만드세요"와도 직접적으로 연
결될 수 있다고 말한다.

그녀는 "재미있는 사실은 이 원칙이 사람들에게 우리의 보이스가 어떤
방식으로 표현되는 것이 적합한가를 끊임없이 고민하는 과정에서 나왔다

더욱 간편하고 즐겁고 생산적인 업무 환경을 만드세요

슬랙은 적합한 사람과 적합한 정보를 불러와 모두가 함께 작업을
완료할 수 있도록 지원하는 협업 허브입니다. 포춘 선정 100대
기업에서부터 동네 시장에 이르기까지, 전 세계 수백만 명이 슬랙을
통해 팀 간 소통을 하고, 시스템을 통일하고, 비즈니스를
발전시키고 있습니다.

그림 6.5
슬랙의 사명 선언. 피카드는 브랜드의 보이스 원칙을 사명 선언의 세 가지 항목과 직접 연결시켜
서 보이스가 전략 및 가치와 자연스럽게 연결되도록 했다.

는 거예요. 저는 그것을 사명 선언서(그림 6.5 참조)에 반영하면서 이를 달성했습니다. '명확성'은 업무를 더욱 간편하게 만듭니다. '간결함'으로 더욱 생산적이 되죠. 그리고 '인간미'는 업무를 즐겁게 합니다."라고 했다.

이제는 다른 앱과 디지털 경험 사례를 보면서 이런 요소가 어떻게 작용하는지 살펴보겠다.

비트모지 앱 업데이트 메시지

비트모지Bitmoji는 사용자가 텍스트 메시지나 소셜 미디어 게시물에 넣을 수 있는 자신의 아바타를 만드는 제품이다. 메시지가 만화 형식을 띠고 있지만, 사용자가 비트모지 키보드를 스마트폰에서 실행했는데 앱 업데이트가 필요할 경우 그림 6.6에 나온 것과 같은 메시지를 보게 된다.

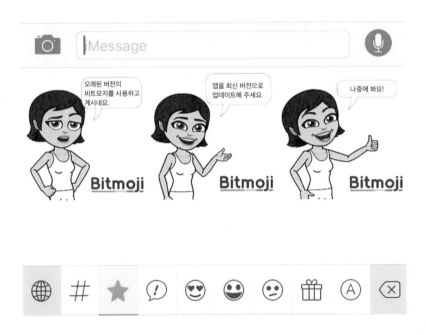

그림 6.6
사용자의 만화 캐릭터를 공유할 수 있는 비트모지는 해당 사용자의 아바타를 활용하여 앱 업데이트를 알려준다.

이 메시지가 어떻게 세 가지 원칙에 부합할까?

명확성: 전달하는 메시지는 단순하다. 3장에서 살펴본 에러 메시지 작성법에 따라 사용자에게 무엇이 문제이고 어떻게 해결할지를 설명한다.

간결함: 아이디어를 몇 개로 나누었고, 과도하게 많은 단어를 쓰거나 필요 없는 맥락을 제공하지 않는다.

인간미: 그러면서도 사람이 말을 건네는 것 같고 친근함을 전한다. "나중에 봐요!"라는 말은 불필요할지도 모르지만, 사람의 인지에 추가로 부담을 주지도 않고 메시지를 매끄럽게 마무리한다. 그림 활용에는 보너스 점수를 주고 싶다. 사용자인 자신의 아바타가 자신에게 메시지를 전달하는 것만큼 인간적인 것이 또 어디 있겠는가!

▌페이스북의 게시 메시지

페이스북의 사용자 도움말 메시지는 명확하고 간결하며 인간미가 있다 (그림 6.7 참조). 수년간 페이스북은 "가장 좋아하는 색이 뭔가요?" 또는 "오늘 아침에 무엇을 드셨나요?" 등 다양한 종류의 메시지로 실험을 거듭했다. 그렇지만 사용자는 아무런 맥락 없이 "보라색"이나 "와플"이라는 게시물을 올렸다. 그래서 페이스북은 오래전에 썼던 "무슨 생각을 하고 계신가요(What's on your mind)?"로 돌아왔다.

그림 6.7
페이스북 뉴스피드 상단에 표시되는 평범한 입력 메시지이다. 지난 10년간 많은 형식과 기능을 시도했지만, 이 메시지가 꾸준히 활용되었다.

이 메시지는 세 가지 원칙을 어떻게 구현했을까?

명확성: 이름까지 포함하면 영어로는 다섯 단어를 사용하여 여기에 무슨 내용을 입력해야 하는지 알 수 있도록 만들었다.

간결함: 이 메시지에는 추가 정보가 덕지덕지 붙어 있지 않다. "그냥 생각나는 것을 입력하세요. 친구들에게 공유해 드릴게요!"와 같은 부가 메시지가 없다. 이런 건 그냥 없어도 된다.

인간미: 영어 메시지에서는 축약형("what's")을 사용했고, 이름을 부르면서 관계를 만들었다. 영어 표현 자체가 관용어구이지만(영어로"What's on your mind"를 문자 그대로 해석하기는 어려울 것이다. 이는 어떤 생각을 하고 있는지를 묻는 표현이다.) 영어를 사용하는 사용자 대부분이 핵심을 이해할 수 있을 정도로 보편적이고 유행을 타지 않는다.

보이스는 언제나 진화해야 한다

브랜드가 유쾌하고 톡톡 튀며 현대적이고, 제품 또한 그런 느낌을 주도록 개발한다면 브랜드와 제품 보이스도 이와 잘 어울리도록 하는 것이 타당하다. 그러나 비즈니스가 성장하고 사용자 기반이 확대되었을 때, 이러한 유형의 보이스에 크게 의존하면 결국 해당 브랜드의 메시지는 영향력을 잃게 되고 최악의 경우 사람들을 혼란스럽게 한다는 것을 알게 된다.

리프트의 사례를 보자. 2012년에 설립된 승차 공유 기업 리프트는 더 비즈니스적이고 공격적인 우버와 대비되는 친근하고 발랄한 기업으로 포지셔닝했다. 리프트와 우버가 서로 경쟁하는 도시에 사는 사람이라면 이 둘을 모두 사용해 보았을 것이다. 둘의 기능은 거의 같지만, 초기에 리프트의 앱 인터페이스 요소는 밝은 핑크색이었으며 재미있는 그림도 있었다. 차량이 도착하면(그릴에 복슬복슬한 핑크색 콧수염을 단 차가 온다), 사용자에게 조수석에 타서 운전사와 주먹 인사를 나눌 것을 권했다.

2014년에 리프트의 신규 사용자였다면 그림 6.8과 같은 이메일을 받았

그림 6.8
2014년에 리프트에서 보낸 축하 이메일이다. 여기서는 승객이 운전사로부터 만점을 받았음을 축하하고 있다.

을 것이다.

이런 방식은 브랜드에 완벽하게 맞아떨어지는 것 같다. 경쾌하고 축하하는 어조이며 구어체이다. 콧수염을 단 차를 운전하는 사람이 훌륭한 승객에게 축하 인사를 건네는 듯한 방식이다. 제목의 문장은 매튜 페리 Matthew Perry가 1990년대 미국 시트콤 〈프렌즈Friends〉에서 맡았던 역할인 챈들러 빙Chandler Bing이 말하는 것 같다. 이 시트콤을 아는 사람이라면 수사 의문문에서 'be' 동사를 강조할지도 모르겠다. "이보다 더 멋질 수 있을까요(Could you be any more awesome)?"라고 말이다.

그러나 리프트가 성장하고 더욱더 다양한 국적의 승객이 서비스를 이용하면서 이 문구의 의미는 퇴색되었다. 영어를 잘하는 중국인 동료는 문화적 맥락이 없어서 리프트가 의도했던 수사 의문문의 의미를 이해하지 못하고 혼란에 빠졌다. "5점 만점을 받았는데 리프트는 왜 내가 더 멋져지길 바라는 거야?"라고 말이다.

이는 리프트가 전하려던 축하 메시지가 의도와는 정반대되는 효과를 낳았음을 보여준다. 회사가 성장하면서(이 책을 집필하는 와중에도 성장하고 있다!) 리프트는 사용하는 언어를 테스트하고 개선하며 최적화하여 기업의 규모에 맞게 바꾸었다.

앞의 예시와 비교할만한 최근 사례는 없지만, 리프트는 2018년을 결산하는 그림 6.9과 같은 이메일을 보냈다. 똑같이 축하하는 느낌의 메시지이지만 이전처럼 관용어구를 쓰거나 문화적인 요소가 들어가 있지는 않다. "음악을 틀고 폭죽을 터트리세요(Cue the music and toss the confetti)."는 번역이 가능하며 분석하기도 쉽다. 폭죽이 사용자 문화권에서 많이 쓰이는 것이 아니더라도 말이다.

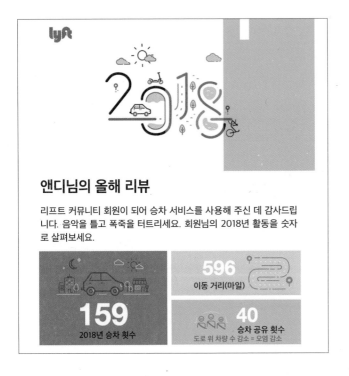

그림 6.9
2019년 1월 리프트가 보낸 이메일이다. 전년도의 활동을 요약해서 보여준다. 축하하는 분위기이며 경쾌하고 구어체이다. 그렇지만 미국에 국한되는 관용어구나 문화적인 요소는 사용하지 않았다.

규모에 맞게 보이스 조절하기

사용자 기반이 성장하면 UX 라이팅팀도 커지게 될 것이다. 그렇지만 늘 그런 것은 아니다. 회사에서 전략적인 문구와 공통의 언어를 중요하게 생각하지 않을(혹은 그 가치를 모를) 수 있다.

자신이 UX 라이팅팀의 이해도를 일치시키고 규모를 키울 수 있는 경영진의 위치에 있다면, 더할 나위 없다! 여기에서는 보이스를 신중하게 규모에 맞게 조절하는 과정에서 기억해야 할 팁을 다룬다.

문서화가 중요하지만 유연하게 대응해야 한다. 작성하는 내용을 잘 기록하도록 한다.

피카드는 다음과 같이 제안했다.

'우리가 하는 일과 하지 않는 일'에 관한 규칙을 모두 나열합니다. 우리 트위터 계정처럼요. 우리는 이렇게 말해요.
"우리는 전문 용어를 사용하지 않고, 'lol(laugh out loud, 큰 소리를 내어 웃는 모습을 짧게 표현하는 인터넷 유행어)'하지 않아요. 특정 문화에만 적합하지 않으며, 언어를 멋지게 구사하죠. 잘 읽히지만 과시하지 않고, 약간 난해하기는 해요. 그렇지만 적절하지 않거나 재미가 없으면 경고를 받을 수 있답니다."

규칙이 너무 적으면 UX 라이터가 이를 중심으로 이해도를 일치시키기에는 보이스가 너무 추상적일 수 있다. 그렇다고 너무 많으면 이에 짓눌려서 보이스가 어때야 하는지 생각할 수조차 없게 된다.

작업물의 피드백 취합하기

다양한 경험과 맥락을 아우르는 UX 라이터 커뮤니티나 커뮤니케이터가 있다면 이들을 한곳에 모아 자신이 작성한 문구를 보여준다. 제품 업무 외에 다양한 역할을 하는 사람들로부터 피드백을 받는 것도 좋다.

소리 내어 읽기

실없는 소리라고 생각할 수 있겠지만, 자신의 UX 라이팅이 어떤 느낌인지 가장 잘 알아보는 방법은 소리 내어 읽으면서 들어보는 것이다. 읽는 사람이 작성자 자신이라 하더라도 말이다. 음악가는 자신이 작곡한 곡을 연주하면서 음이 맞지 않는 코드나 박자가 누락된 부분을 듣는다. 이와 비슷하게 문구를 소리 내어 읽는 것을 들어보면 운율이나 속도가 괜찮은지, '보이스 원칙을 따르는지' 아닌지를 알 수 있다.

실전 TIP! 보이스 원칙 수립하기

여러분이 대규모 국책 은행인 ABC 은행을 위해 P2P(peer-to-peer, 인터넷에서 개인과 개인이 직접 연결되어 파일을 공유하는 것) 결제 앱을 만드는 팀에 있다고 가정하자. 이 은행의 브랜드 보이스는 전화번호부 광고에서 ATM의 감사 인사까지 사람과 상호작용하는 모든 곳에서 나타난다. 은행 창구 직원은 ABC 은행의 보이스에 맞추어 말하는 법도 교육받는다. 이런 보이스 원칙에 따르면 이 브랜드는 다음 특성이 있어야 한다.

- ▶ 친절함
- ▶ 전문 지식을 갖춘
- ▶ 신뢰가 가는

그렇지만 한 가지 흥미로운 문제가 있다. 이 앱은 ABC 은행의 디지털 제품 라인 중에서도 튀는 제품이다. 은행이 사용자에게 말을 걸어 계좌 잔액 정보나 대출 정보, 지점 검색, 기타 뱅킹 앱 기능을 제공하는 용도가 아니다. 이 앱의 용도는 친구와 커뮤니케이션하며 돈을 보내고, 빌려준 돈의 상환을 요청하거나 돌려받으며 '채팅'을 하는 것이다. 여기서 해야 할 몇 가지 질문은 다음과 같다.

- ▶ 사용자는 은행의 브랜드가 이 인터페이스에서도 지켜질 것을 기대하는가? 아니면 브랜드는 한발 물러서서 제품 자체의 보이스가 빛나도록 해야 하는가?
- ▶ 목표로 하는 대상은 기존 은행 고객보다 젊다. 보이스를 더 활용하여 젊은 고객에게 어필해야 하는가, 브랜드 보이스를 유지해야 하는가?

이런 고려 사항을 (보통 임원진, 제품 매니저, 제품 마케팅 담당자, 사업 목표를 고민하는 사람 등과 함께) 충분히 검토한 후, 보이스 원칙 개발을 시작한다.

경영진은 앱에서 은행의 브랜드 보이스를 기준으로 활용할 것을 주문했다. 그러니 각 특성의 스트레스 케이스 한도를 모색하여 문구 작성 팀의 모두가 특성에만 과도하게 의존하지 않도록 하자.

수많은 토론 끝에 다음과 같은 내용을 도출했다.

▸ 친근하지만 너무 편하게 말하지 않는다.
▸ 지식은 풍부하되 과도하게 따지지 않는다.
▸ 안정감 있지만 지루하지 않다.

좋다! 이 내용은 원칙이 브랜드를 훼손하고 고객이 발길을 돌리게 만드는 극단적인 예시를 이해하는 데 도움이 될 것이다. 이제 이런 선택을 한 이유를 추가해 본다.

친근하지만 너무 편하게 말하지 않는다.
▸ 따뜻함과 격려하는 모습을 보이며 신규 사용자가 기능을 사용하도록 동기를 부여한다.
▸ 쿨하거나 힙하게 보이려고 관용어구나 유행어를 사용하지 않는다.

지적이지만 과도하게 따지지 않는다.
▸ 결제 정보와 돈 문제와 관련되어 민감할 수 있는 흐름에서 사용자를 안내할 수 있다.
▸ 추가 정보가 필요할 수 있는 곳에서 표시되지만, 불필요한 정보를 과하게 제공하지 않는다.

안정감 있지만 지루하지 않다.
▸ 신뢰를 구축한다. 고객은 100년이 넘는 경험이 축적된 ABC 은행이 자신의 돈을 안전하게 관리할 것이라는 점을 알고 있고, 이를 기대하므로 이 앱

브랜드 보이스가 한발 물러서야 할 때

지금까지 이야기한 것처럼 보이스는 제품, 경험, 또는 인터페이스를 브
랜드와 연결하는 아주 유용한 요소이다. 또한 사용자가 자신이 사용하는
제품 뒤에 있는 기업이 어떤 곳인지에 관한 기대치를 설정한다. 보이스를
통해 브랜드를 강력하게 보여주는 것은 협업 앱, 게임을 비롯하여 사용자
와 제품을 만드는 기업 간의 관계를 구축하는 데 매우 도움이 된다. 보이스
는 이런 경우 상호작용에서 명백하게 중요한 역할을 한다.

그러나 어떤 인터페이스는 브랜드에 초점을 맞춰서는 안 된다. 이런 인
터페이스의 목표는 사용자가 상호작용을 끝까지 완료하는 것이다. 그리고
어떤 앱은 사용자가 서두르거나 스트레스를 받은 상태이거나 장애가 있을
수 있다.

자동차와 주택 보험회사인 가이코Geico의 앱을 살펴보자. 이 회사 이름
을 많이 들어봤다면, 가이코라는 브랜드 보이스가 상당히 강력하다는 것이
다. 지난 10여 년간 TV 광고를 엄청나게 했다. 영국식 억양을 구사하며 천
진난만하면서도 호기심 많은 가이코의 도마뱀은 브랜드와는 떼려야 뗄 수
없는 존재이다. 그러므로 이 회사의 브랜드 보이스는 그만큼 강하다.

가이코 앱에서 사용자는 보험료 납입, 신규 보험 가입, 계좌번호 조회,
메일링 주소 변경 등을 할 수 있다. 그리고 친근한 도마뱀과 같은 보이스가
앱 전반에서 나타난다.

그런데 사고를 접수하거나 도로 출동 서비스를 받는 곳에서는 어떨까?

앱에서 이 부분을 찾아봤다면 금방 알겠지만(그림 6.10 참조), 보이스가 도움을 주고 목표 지향적으로 바뀐다. 갑자기 앱이 119 전화처럼 도움을 주는 데 필요한 사용자 정보를 수집하려 한다. 친근한 문구와 느낌표는 사라지고, 메시지는 최대한 단순해진다(이는 7장과 이어진다. 7장에서는 톤과 글의 구조를 다양한 맥락에 맞게 변형하여 사용자의 눈높이에 맞추는 방법을 다룬다).

그림 6.10
가이코 보험사 앱의 로딩 화면에는 브랜드의 개성이 많이 담겨 있다. 그렇지만 응급 상황에서는 브랜드가 뒤로 한발 물러난다.

이 책의 보이스 개발하기

우리는 함께 일할 때가 많았다. UX 라이팅 워크숍을 만들어 발전시키면서 여러 콘퍼런스에서 함께 발표도 했다. 우리의 손발이 잘 맞는 이유는 각자의 보이스와 개성이 상호보완적이기 때문이다. 마이클은 생각을 깊게 하고 큰 그림을 많이 그린다. 앤디는 디테일과 프로세스에 더욱 집중한다.

이런 점은 우리가 함께 무대나 강의실에 설 때 시너지를 발휘한다. 그렇다면 이 책은 어땠을까? 달라도 너무 다른 우리의 보이스를 어떻게 하나로 만들었을까? 이 책의 제안문을 본 어떤 검토자는 "이 책은 (일부는) 보이스에 관한 것입니다. 여기서 꼭 성공해야 해요."라고 피드백을 주었다.

그래서 우리는 스스로 도그푸딩(자사의 신제품이나 서비스를 내부에서 가장 먼저 사용하는 것)을 하며 이 책의 보이스 원칙을 개발했다!

이 책의 보이스는 다음과 같다.

▶ 교육적이지만 무시하듯 하지 않는다.
▶ 구어체이지만 지나치게 친밀하지는 않다.
▶ 자신감 있지만 모두 다 아는 체하지 않는다.
▶ 열정적이지만 과장하지 않는다.
▶ 실용적이지만 지시하지 않는다.
▶ 재미있지만 엉뚱하지는 않다.

이 책을 집필하면서 우리는 서로의 글을 편집하며, 심지어는 종일 화상통화로 토론을 하면서 서로를 책임졌다.

우리의 작업이 성공적이었다고 보는가?

자신에게 맞는 방법을 찾아서

제품의 보이스가 사용자의 목표 달성에 방해가 되지 않게 만드는 것이 중요하다. 보이스와 브랜딩 사이에서 균형을 찾는 데 쉽게 활용할 수 있는 질문이 있다.

- ▶ 속도 vs 참여: 상호작용에 사용자를 참여시키는 것이 얼마나 중요한가?
- ▶ 심리 상태: 사용자가 인터페이스를 사용하면서 무엇을 생각하거나 느낄 것이라고 보는가?
- ▶ 브랜드 모멘트Brand Moment vs 실용성: 사용자의 제품 경험에서 이 시점에 브랜드 인지도를 높이는 것이 얼마나 중요한가?

보이스는 강한 개성을 활용하여 독특하게 글 쓰는 방법을 선택해야 한다는 것을 의미하지는 않는다는 점을 명심하자. 때때로 보이스를 선택한다는 것은 제품에서 가능한 한 가장 쉽고 단순한 언어를 사용하는 것을 의미하기도 한다.

7장

톤이란 무엇인가

7

어렸을 때 자신이 부모님과 친구에게 사용하는 말투가 다르다는 점을 눈치챘던 사람이 있을 것이다. 그리고 커서는 조부모님과 부모님에게 사용하는 말투가 다르다는 점을 깨달았을 것이다.

나이가 들면서 이는 점점 복잡해진다. 다른 사람과 커뮤니케이션을 더 잘하게 되면서 다음과 같이 누구와 이야기하느냐에 따라 톤과 단어 선택을 달리 할 것이다.

- ▶ 동갑내기 친구
- ▶ 자신보다 훨씬 나이가 적거나 많은 친구
- ▶ 직장 친구
- ▶ 잘 모르는 직장 동료
- ▶ 다른 국가의 직장 동료
- ▶ 기타 수많은 맥락

맥락이 변하면 톤도 달라지는 것은 대다수 사람에게 자연스러운 일이다. 그렇지만 소프트웨어는 물론이고 심지어 소프트웨어 개발팀에게도 이런 변화는 당연한 일이 아니다. 따라서 적절하게 톤을 바꾸는 전략이 필요하다.

언어는 정지하거나 절대적인 것이 아니다

나는 어렸을 때 단어 사용에 굉장히 까다롭게 굴었다. 비속어, 그중에서도 90년대 초에 다른 아이들이 많이 쓰는 말로서 내가 소위 '쿨하다cool'고 정한 단어를 쓰는 것을 아주 싫어했다. 어린 시절부터 질서와 정확성을 추구하고 이미 언어에서 기쁨과 즐거움을 느꼈던 나는 있는 그대로 설명하는 단어를 선호했다.

그러다 보니 막냇동생이 하는 말을 고쳐주면서 "아니야, 켈리. 그건 '쿨'한 게 아니라 '흥미로운interesting' 거야."라고 말하곤 했다. (내가 봐도 어린 시절의 나는 짜증을 유발하는 어린이였다.)

나이가 들면서 자신을 돌아보고 사용하는 언어의 맥락을 이해하면서 나의 톤이 부드럽게 변했다. 내가 친구에게 말할 때는 '쿨하다'라던가 '짱이다awesome' 또는 '와썹wassup'이라는 표현(90년대였으니까)을 더 써야 했지만, 조부모님이랑 대화할 때는 그런 말을 쓰지 않는다는 것을 알아차렸다.

보이스와 톤은 어떻게 다를까?

UX 라이팅을 하는 사람조차 보이스와 톤을 합쳐서 사용하는 경우가 많다. '보이스앤톤'이라고 해서 하나로 쓰는 것이다. 어떤 사람은 '보이스의 톤'이라고 하기도 한다.

한 마디로(마지막 장에서도 보겠지만) 보이스는 브랜드나 제품, 디지털 인터페이스에서 나타나는 개성으로 다른 브랜드의 제품 또는 인터페이스와 차별화되는 요소이다. 톤은 이 보이스가 특정한 맥락에서 표현되는 방식이다. 예를 들면 어떤 작업 흐름이나 상호작용을 통해 사용자에 대응하거나 사용자를 안내하는 것이다. 톤의 변화는 여러 가지 방식으로 나타날 수 있다.

▸ 단어나 문구 선택: 짧고 간결한 단어와 문구를 사용하는가, 아니면 시간을 들여 의례

적인 말이나 설명을 추가하는가?

예: "404 에러: 다시 시도하세요." vs "원하시는 페이지를 찾을 수 없습니다."

▶ 메시지 구조: 어떤 기능이나 동작의 이점을 함께 설명하는가, 아니면 지금 화면에서 일어나는 일만 설명하는가?

예: "비밀번호를 재설정하세요." vs "비밀번호를 재설정하여 계정 보안을 유지하세요."

톤은 볼륨 조절기가 아니다

보통 마케팅 중심의 조직에 있는 카피라이터와 커뮤니케이션 전략가는 '톤'을 볼륨 조절기 정도로 생각하는 경향이 있다. 볼륨을 높였다 줄였다 하는 것처럼 UX 라이팅에 스타일이나 브랜드 보이스를 얼마나 넣을지 선택하는 것으로 본다는 말이다. 많은 브랜드와 커뮤니케이션 스타일 가이드에서 그림 7.1처럼 다양한 유형의 콘텐츠와 여기에 적용할 톤을 매치시킨다. 여기에는 주목도와 영향력이 높은 헤드라인, 현수막, 이메일 제목부터 CTA(Call To Action) 버튼처럼 작고 실용적인 것도 포함된다.

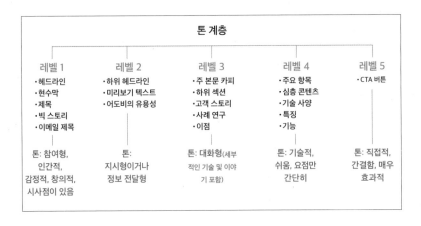

그림 7.1
소프트웨어 대기업의 마케팅 및 커뮤니케이션 스타일 가이드에서 발췌한 톤 계층 예시

톤을 오랜 시간 연구한 사람 중에 멜라니에 폴코스키|Melanie Polkosky 박사가 있다. 그녀는 전문 디자이너 겸 언어가 소프트웨어에서 사용되는 방식을 전공으로 하는 연구자이다. 그동안 축적된 음성 인터페이스 디자인 경험이 방대할 뿐만 아니라 자신의 스킬을 웹과 모바일 앱에도 적용하고 있다.

폴코스키는 경력을 쌓으면서 사용성(제품이나 웹사이트에 쉽게 접근하거나 이를 쉽게 사용하는 것)에 가장 중요한 인터페이스 요소가 무엇인지 파악하고자 했다. 그래서 이를 알아보기 위해 요인분석이라는 기법을 활용하여 대규모 연구를 진행했다.

폴코스키 박사는 이 연구를 통해 인터페이스와 적합한 톤을 찾는 것이 중요하다는 사실을 강조했다. 연구에는 862명이 참여했으며 사용성에 영향을 미칠 수 있는 76개의 항목을 평가했다. 그 결과, 고객 서비스 행동이 사용성에 영향을 미치는 가장 중요한 범주에 해당하며, 이는 글을 쓸 때 우선시해야 할 톤 고려 사항과 관련이 있음이 밝혀졌다. 여기에서 UX 라이팅 시 우선해야 할 다양한 톤 고려 사항이 나타났다. 폴코스키 박사의 연구 결과는 다음과 같다.[1]

고객 서비스 행동과 관련된 항목에는 친근함, 정중함, 말하는 속도, 친숙한 용어 사용 등이 포함된다.

이런 발견으로 폴코스키는 적절한 톤이 디지털 제품의 사용성에 중요한 역할을 한다는 것을 입증할 수 있었다.

그녀는 "톤은 굉장히 중요합니다. 인터페이스 대부분을 망치는 요소라고 생각하기 때문이에요. 어떤 사람이 말을 하면 그 사람이 형편없는지, 나보다 잘났다고 생각하는지, 꽤 상냥한지, 혹은 존중을 담아 말하는지 등을 바로 알 수 있습니다. 이런 사회적 스킬이 인간뿐만 아니라 기술을 인식하는 데에도 영향을 미쳐요. 그리고 사용자가 어떤 상호작용에 참여할지, 혹은 지속할지를 결정하기도 합니다." 라고 말했다.

폴코스키는 이런 통찰을 활용하여 팀에서 톤을 우선하도록 돕는다. 이때 근거로 데이터를 제시한다. "톤의 중요성을 놓고 저랑 논쟁한다고 합시다. 그러면 저는 '여기 약 15년간 진행한 경험적 연구 결과가 있으니 보세요.'라고 해요. 그렇게 해서 한 수백 가지 중요한 것 중에서 톤이 네 손가락에 꼽을 정도로 중요하다는 점을 보여줍니다."

그녀는 팀 구성원과 작업 결과물을 검토할 때 항상 연구를 진행하라고 조언한다. 단순하게 연구나 책을 인용해도 좋고, 이웃 사람과 비공식적으로 테스트한 것이라도 괜찮다. "내 의견과 상대방 의견이 맞서는 상황에서 연구 내용을 제시하는 겁니다. 자신의 의견을 내세우면서도 이를 뒷받침하는 데이터를 보여주세요."라고 그녀는 말했다.

폴코스키를 움직이는 원동력은 사용자이다. 그녀는 "인간의 커뮤니케이션은 우리가 가진 가장 중요한 재능입니다. 글이 되었든 말이 되었든 간에요. 저는 기술이 점점 인간의 영역을 잠식하는 가운데, 인간이 이에 맞서 싸울 가치가 있다고 생각해요."라고 말했다.

바로 전 장에서 이야기했던 내용을 기억한다면, 어도비의 브랜드 보이스는 다음을 추구한다.

▶ 매력적일 것
▶ 고무적일 것
▶ 참신할 것
▶ 적극적일 것
▶ 이해하기 쉬울 것
▶ 자세히 설명할 것

어도비의 이런 보이스 원칙이 가장 궁극적으로 표현되는 것은 '최고 볼륨(레벨 5)' 수준이며, 이를 기준으로 표현의 강도가 낮아질수록 보이스 볼륨이 낮아진다. 마케팅 커뮤니케이션 관점에서 보면 말이 된다. 마케팅 커뮤니케이션은 한 방향으로 이루어진다. 작성자가 이메일, 웹사이트 카피, 때로는 고전적인 광고판이나 인쇄물 등과 같은 확성기를 활용하여 청중에게 메시지를 들려주는 것처럼 말이다.

그렇지만 디지털은 다르다. 꼭 한 방향으로만 커뮤니케이션하는 것이 아니다. UX 라이터가 언제나 주제를 정하고 그 주제를 중심으로 메시지를 작성하는 호사를 누리는 것도 아니다. 커뮤니케이션이 직선적으로 흘러가지도 않는다. 맥락에 좌우되며, 다음 정보에 따라 변화한다.

- ▶ 디지털 여정에서 사용자의 위치
- ▶ 인터페이스 사용 숙련도
- ▶ 사용자의 의도
- ▶ 사용자의 기분: 안내하는 내용을 받아들이는 정도

제품의 다양한 톤을 개발하는 방법을 알고 싶다면 아래 그림 7.2에 나온 페이스북 콘텐츠 전략Facebook Content Strategy팀이 만든 질문을 활용할 수 있다.

커뮤니케이션에서 사용하려는 맥락에 추가되는 요소가 있으므로, 그림 7.3처럼 의도하는 톤을 고를 수 있는 일종의 스펙트럼으로 톤을 생각하는

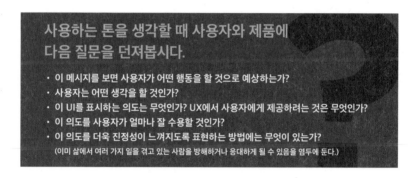

그림 7.2
페이스북 콘텐츠 전략팀이 수립한 톤 체계 개발 시 고려해야 할 사항

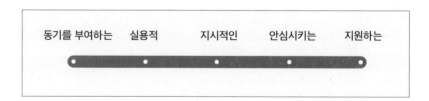

그림 7.3
어도비의 톤 스펙트럼

경향이 있다.

디지털 경험을 위한 글쓰기는 대화이다. 그러나 둘 이상의 당사자가 말을 주고받는 전통적인 의미의 대화(챗봇과 음성 인터페이스의 등장으로 이것이 더 중요해지기는 했지만)인 것만은 아니다. 그보다는 정보의 교환, 리듬, 사용자 요구를 맥락적으로 이해하는 것을 통한 전체적인 흐름의 관점에서 봤을 때 대화라는 것이다. 현실의 대화를 자극제로 삼을 수 있다. 대화에 참여하는 두 당사자, 즉 자신(인터페이스)과 사용자라는 두 가지 주요 요소를 고려하면 된다.

규모에 걸맞은 탄탄한 톤 체계

새로운 콘텐츠 전략가가 페이스북에 합류하면 UX 라이팅 시 사용해야 할 적절한 톤을 어떻게 선정하는지에 관한 교육을 받는다. 리더들은 실생활에서 다른 사람과 상호작용하는 방식을 제대로 모방하는 것이 UX 라이팅에서 가장 중요하다고 강조한다.

예를 들어 여러분이 가장 친한 친구와 앉아서 자신이 겪는 문제를 이야기할 때, 친구는 관심을 가지고 열심히 듣는 모습을 보일 것이다. 고개를 끄덕인다거나, 이상하거나 부정적인 이야기를 들을 때면 얼굴을 찡그리는 등의 비언어적인 신호를 보낼 것이다. 고개를 끄덕이며 이야기를 계속하라고 하기도 한다. 또는 팔짱을 끼거나 고개를 갸우뚱하는 등 여러분의 행동을 따라 하면서 여러분이 더 편안하게 이야기할 수 있게 만들 수도 있다.

이렇게 동작을 따라 하는 것은 친구가 미세한 방식으로 신뢰감을 표현하는 것으로, 자신에게 편하게 마음을 열어도 된다는 것과 여러분이 겪는 상황에 공감한다는 것을 보여준다.

자신이 디자인하는 소프트웨어가 이와 같은 관계를 사용자와 형성하지는 않더라도(그래서도 안 된다!), 신뢰감을 주고 사용자가 특히 어렵거나 힘든 상호작용을 수행하도록 도울 수 있다.

메타Meta Platforms의 제품 콘텐츠 디자인 및 디자인 상무인 알리시아 도허티-월드Alicia Dougherty-Wold는 페이스북, 인스타그램Instagram, 페이스북 메신저Messenger, 왓츠앱WhatsApp, 오큘러스Oculus, 기타 앱 및 제품을 지원하는 가장 큰 규모의 제품 콘텐츠 전략 그룹을 이끌고 있다.

재스민 프롭스트Jasmine Probst 콘텐츠 전략 디렉터의 업무 범위 역시 메타에서 서비스하는 앱 제품군 앱 전반에 걸쳐 있다. 두 사람은 함께 20억 명이 넘는 사용자를 위한 광범위한 제품 경험에 일관된 톤을 사용할 수 있도록 팀을 도왔다.

도허티-월드는 "페이스북은 초기부터 중반까지, 페이스북이라는 브랜드의 정신은 배경으로 물러나게 하고 사용자의 콘텐츠를 전면에 부각시켰습니다."라고 말했다. 사용자는 자신의 뉴스피드에서 출산 소식부터 자연재해까지 다양한 소식을 볼 수 있었다.

"페이스북이 커뮤니케이션하는 방식에 인간미를 더해야 하는 맥락이 눈에 보이기 시작했어요. 사용자가 겪는 다양한 감정을 활용하여 사용자의 눈높이를 맞춰야 했죠."라고 도허티-월드는 말했다.

이 "눈높이를 맞춘다"는 것은 기쁨(생일이나 기념일)에서 공감이나 연민(사망한 친구의 기념 계정 관리자로 지정된 경우)까지 다양한 감정을 포괄할 수 있다. 이는 책임이 막중한 일이며, 도허티-월드와 그녀의 팀도 이를 가볍게 여기지 않았다.

체계를 세우는 조직적 차원의 이유는 명확했다. 팀의 규모가 커지고 있었기 때문이다.

도허티-월드는 "처음에는 소규모 팀이어서 그냥 대화를 나누거나 서로의 작업물을 공유하거나 콘텐츠 비평만으로도 보이스와 톤의 일관성을 유지할 수 있었어요. 이런 방식은 팀원이 10~20명일 때나 가능하죠. 하지만 팀원이 수십 명으로 늘어나고 정말 다양한 전 세계 청중을 상대로 커뮤니케이션을 해야 할 때가 오면, 여러분에게는 일관성 있는 커뮤니케이션을 잘 할 수 있도록 도와줄 수 있는 도구가 필요합니다."라고 지적했다.

프롭스트는 "더 구체적인 용어로 파트너에게 콘텐츠 전략가가 무엇을 하고 생각하는지 보여줘야 합니다."라고 설명했다.

또한 '톤'이 기교로만 여겨지는 경우가 많다고 지적했다. 그렇지만 프롭스트는 톤 체계를 통해 전략에 기반하여 기교를 활용하고, 그 결과 팀에서 이를 일관적이고 객관적으로 재생산할 수 있게 된다고 말했다.

도허티-월드는 "인간은 서로 상호작용할 때 강도와 (신체적) 거리를 조절하고, 직관적으로 공감을 전달합니다."라며, "우리는 누가 어떻게 느끼는지 절대 가정하려고 하지 않습니다. 그러나 우리 UX 라이팅에 인간미를 더하고 더 나은 경험을 만들 여지는 분명히 있어요. 그래서 팀 내 개인의 주관에 맡기는 것이 아니라, 톤 체계를 활용하여 사용자가 겪는 상황에 적합한 톤을 더욱더 일관되게 적용할 수 있도록 합니다."라고 말했다.

톤 다운하기

그렇지만 뱅킹 앱이나 보험 상품, 기타 업무용 시스템 작업을 한다면 어떨까? 대부분은 제품에 '안녕하세요. 오늘 기분이 어떠신가요?'라던가 '좋아요! 잘했어요!' 등과 같은 표현으로 가득 채우고 싶지는 않을 것이다. 이런 표현은 인터페이스가 더 친근하게 느껴지기를 진심으로 바라는 사람의 선의에서 비롯된다. 느낌표 한두 개를 넣고 사용자의 이름을 쓰면 사용자가 제품을 더 적극적으로 쓸 것이라는 생각을 하는 것이다.

그러나 톤은 그런 것이 아니다. 톤이란 알게 모르게 UX 라이팅에서 드러나는 것이다. 짧고 중립적이며 간결한 스타일로 작성하는 것은 바로 톤을 정한 것이다. 인터페이스에서 감정적인 요소를 강조하지 않기로 선택한 것 역시 톤을 정한 것이다.

디지털 인터페이스에 쓰인 UX 라이팅의 70~80%는 괜찮은 경우가 대부분이다. 그러나 UX 라이팅의 목표는 사용자가 어떤 상호작용이나 작업 흐름을 따라 자신의 목적을 달성하도록 하는 것이다. 그리고 잘 알지 못하는 관계자가 자신의 톤을 집어넣는 일은 피해야 한다. 그렇다면 전략이 있는 게 좋지 않겠는가? 사용자가 작업을 완수하도록 돕는 것에 초점을 맞추는 것이 인터페이스의 개성 전략이라고 하더라도, 참여하는 모두에게 이를 명확히 하는 것이 필요하다.

단순한 톤이 유리할 때가 있다

나는 다음과 같은 다양한 조직과 함께 일했다.

▶ 기계 제조업체
▶ 보험사
▶ 재활 전문 병원
▶ 공구 제조업체

각 제품의 작업을 하면서 해당 제품 사용자가 처하는 상황을 잘 이해해야 했다. 보험금 청구를 재미로 하는 사람은 없으니 말이다.

내가 얻은 교훈은 사용자의 조건을 숙지하고 있는 것이 아니라면 톤을 단순하게 유지하는 것이 좋다는 것이다. 사람들은 제품을 사용하면서 사랑하는 사람의 죽음이나 동료의 부상 등 갖가지 일을 경험할 수 있기 때문이다.

나는 팀원들에게 더 '매력적'이거나 '친근하게' UX 라이팅을 하라고 하면서도 언제나 사용자가 경험하는 상황을 너무 많이 가정하지 말 것을 당부해 왔다.

프롭스트는 페이스북 콘텐츠 전략팀이 광범위한 기능과 제품 전체에 걸친 큰 그림을 보고 그 안의 패턴을 발견할 수 있기를 바랐다.

"그래서 자연스럽게 대규모 조사를 하게 됐어요. 이를 통해 톤 프로필tone profile을 더 많이 개발하고 스펙트럼을 채울 수 있었습니다."라고 프롭스트는 말했다. (이 작업의 예시는 그림 7.4 참조)

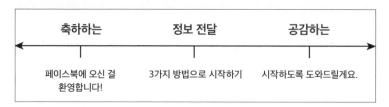

그림 7.4
페이스북 콘텐츠 전략팀은 페이스북 톤을 스펙트럼으로 표현했다.

이들은 톤 프로필을 개발하기 위해 다양한 맥락에 관한 여러 가지 질문을 작성했다. 주로 고려한 요소는 세 가지(인터페이스, 사용자, 메시지가 표시되는 시나리오 또는 조건)이다.

여러분(인터페이스)
▸ **목표**: 사용자가 무엇을 하기를 바라는가?
▸ **기분**: 사용자에게 전달하고 싶은 느낌은 무엇인가?
▸ **전형적인 성향**: 이 경험이 사람이라면 어떤 사고방식을 가지고 있을 것인가? 사용자와 어떻게 공감할 것인가?

상대(사용자)
▸ **감정**: 이 메시지를 접했을 때 어떤 감정을 느낄 수 있는가?
▸ **수용도**: 이 메시지에 얼마나 마음이 열려 있는가?
▸ **스트레스**: 사용자가 이 메시지를 나쁘게 이해하거나 메시지로 스트레스를 받을 수 있는 극단적인 사례에는 무엇이 있는가?

시나리오(자신이 처한 맥락, 상황 등)

   ▶ **UI 유형:** 어떤 종류의 UI 요소인가(확인창, 에러 메시지, 부제 등)?

   ▶ **위치:** 이 사용자는 사용자 여정 중 어느 지점에 있는가?

   ▶ **다음 단계:** 사용자는 이 메시지 다음에 어떤 상황을 맞이하게 되는가?

프롭스트는 "이런 톤 프로필의 형태가 갖춰지자 테스트를 시작할 수 있는 것이 생겼습니다."라고 말했다.

다음으로 팀은 각 톤에 맞추어 샘플 메시지를 작성했다. 이 활동으로 사용자가 메시지를 읽고 생각하거나 느낄 수 있는 것과 함께 맥락을 어떻게 적용했는지 평가할 수 있었다.

"이 활동은 매우 훌륭한 연습이에요. 각 톤에 관한 구체적인 지침을 개발할 수 있었거든요. 예를 들면 '해당 작업을 수행하면 생기게 될 가치를 포함한다.' 또는 '사용자의 시간을 존중하라.'처럼 말이죠."라고 프롭스트는 설명했다.

톤 프로필 개발하기

톤 프로필은 톤의 결정을 평가하는 데 쓸 수 있는 틀을 제공한다. 전체적이고 사용자 중심적인 연구와 사고방식이 많이 있지만, 창의적인 UX 라이팅 스킬을 연습할 수 있는 아주 좋은 기회이기도 하다.

파악부터 시작하기

제품 사용자와 UX 라이팅을 하는 자신이 어떤 관계를 맺을 수 있을지 전체적으로 파악하는 것이 중요하다. 따라서 회사에 관해 실사audit를 하는 것에서부터 시작한다. 큰 규모의 다양한 사업 부문이 있는 소셜 네트워크 기업인가? 아니면 하나의 기능이 뛰어난 틈새 도구 역할을 하는가? 이런 질문부터 시작할 수 있지만, 언제나 보이는 것보다 더 많이 복잡한 일이 바로 실사이다.

여기서 실사란 자신이 가지고 있는 것을 이해하고 평가하는 일이다. 전체 경험이나 대표적인 샘플을 가지고 진행할 수 있다. 여기서 중요한 것은 목표를 설정하는 것이다. 자신이 알고자 하는 게 무엇인지 알면 목적의식을 갖고 실사를 진행할 수 있다.

사용자가 이용할 가능성이 많은 주요 작업 흐름workflow을 선정한다. 음식 배달 앱의 UX 라이팅을 한다고 하면 다음이 포함될 것이다.

▶ 계정 가입
▶ 메뉴 검색 및 주문
▶ 주문 취소 또는 수정
▶ 주문을 잘못했을 시 지원받기

그러나 이것만이 다는 아니다! 이 앱에는 배달원과 주문을 접수하는 식당을 위한 인터페이스가 있다. 그러니 모든 사용자를 고려하는지 확인하도록 한다.

메시지 목록 작성하기

파악 과정에서 가지고 있는 것의 목록을 작성하고 사례를 취합한다. 어떤 것을 목록에 넣어야 할지 구분하기 힘들 수 있다. 모든 버튼, 라벨, 마이크로카피 등 인터페이스에 들어가는 모든 문구를 말하는 것일까? 아니면 에러 메시지, 확인 대화창, 온보딩 경험처럼 메시지가 많은 텍스트를 의미하는 것일까?

위에서 말한 전부 다라고 말할 수 있다. 메시지가 많은 경우 톤이 나타날 여지가 더 많은 것은 당연하다. 그러나 한두 단어로 된 이름도 톤을 선택하는 과정을 거친다. 그림 7.5에서처럼 음식 배달 앱에서 식당을 '레스토랑'이나 '플레이스'라고 한다면, 이는 서로 다른 톤을 선택한 것이다.

이렇게 작업 흐름을 살펴보면서 메시지가 보일 때마다 기록한다. 어떨 때는 '축하합니다! 음식이 지금 가는 중이에요.'처럼 짤막하고 단순한 확인

그림 7.5
음식 배달 앱인 캐비어Caviar와 포스트메이츠Postmates는 음식점을 '레스토랑'과 '플레이스'로
각각 다르게 지칭하고 있다.

알림이거나 '배달원이 고객님을 찾을 수 있는 장소를 알려주세요.'처럼 자
세한 배달 옵션을 입력하라고 사용자에게 요청하는 복잡한 메시지일 수도
있다. 또는 앱에서 선택해야 하는 용어(여러분은 음식 목록을 '메뉴'와 '차림표' 중
에 뭐라고 부르는가? 아니면 다른 단어를 사용하는가?)나 각 목록을 범주화하는 방
식만으로 구성되어 있을 수도 있다.

　이 작업을 하기에 좋은 방법이 있다. 큰 회의실이 있다면(그러나 집의 빈 벽

이나 파티션도 좋다) 해당 스크린숏을 출력하거나 메시지를 포스트잇에 적어서 벽에 붙여놓는다. 이때 사용자가 어떤 동작을 하면 이 메시지가 표시되는지를 보여주는 '지문'을 첨가한다.

원격으로 팀과 일하는 경우라면 화이트보드 앱이나 공동 작업이 가능한 문서를 만들어 팀원이 예시를 캡처하고 메모를 남길 수 있도록 한다.

NOTE: 콘텐츠 실사 VS 메시지 목록 작성

콘텐츠 실사와 메시지 목록 작성은 무엇이 다를까? 리사 마리아 마틴Lisa Maria Martin은 2019년에 출간한 저서 《일상 정보 아키텍처Everyday Information Architecture》에서 두 용어가 서로 혼동되는 경우가 많다고 설명한다. 그녀는 책에서 "실사는 과정이고, 목록 작성은 산출물이다. 실사는 웹사이트를 검토하는 작업이고 목록 작성은 실사의 결과로 만들어진다. 이 두 용어를 분리해서 사용해야 한다! 과정과 산출물을 구분하는 것은 매우 도움이 된다. 고객과 동료가 열심히 일하는 것과 그 결과물의 차이를 이해하도록 도와주기 때문이다. 게다가 모든 사람이 공통된 어휘를 활용하여 일하는 것이 훨씬 쉽다."라고 설명했다.

결과물 보여주기

규모가 큰 팀에서 일하거나 다른 부서 관계자와 함께 일한다면 그림 7.6처럼 실사 결과를 가지고 설득력 있는 내용으로 구성하는 것도 좋다. 실사는 조직의 진정한 변화를 만드는 완벽한 변곡점이다. 그리고 이를 통해 다시 검토해야 할 필요가 있는 항목도 발견하게 된다.

새로운 경험을 개발하기 전에 기존 경험을 파악하는 사람이 아무도 없을 때가 많다는 점은 실로 놀랍다. 따라서 이런 실사 활동은 아주 열심히 일했다는 것과 함께 관찰 내용과 향후의 권고 사항이 전체적이며 합리적이고 현실에 기반한다는 것을 입증하게 된다.

실사는 톤 전략에 시간을 더 많이 투자해야 한다고 관리자나 프로덕트 오너를 설득해야 할 때 특히 유용하다.

우리 콘텐츠의 가치는 무엇인가?

프로젝트 - 웹 콘텐츠 파악 및 분석
클라이언트 - REI 아웃도어 프로그램 부서
스폰서 - 저스틴 도너휴(REI 매니저)

학생 - 조나단 콜만(중견 커리어 MSIM)
직책 - REI 수석 경험 아키텍트
문의 - jcolman@rei.com

우리의 과제

- 아웃도어 프로그램으로 최대로 달성할 수 있는 투자수익률(ROI) 포함 비즈니스 성장
- 온라인 콘텐츠의 가치를 입증하여 내부 투자 및 리소스 더 많이 확보
- 전반적인 콘텐츠 품질 및 효과 정의
- 분류 체계 개발 및 신규 콘텐츠 관리 시스템(CMS)으로의 마이그레이션 대비

우리의 솔루션

- 종합적인 콘텐츠 목록 작성: 인기 있고 잘 관리되는 페이지뿐만 아니라 모든 기존 콘텐츠를 검색할 수 있도록 함
- 콘텐츠 정량 평가: 60개의 기준을 활용하여 콘텐츠 성과를 측정하는 최고의 방법 모색
- 콘텐츠 정성 평가: 포레스터 리서치(Forrester Research, Inc.)에서 개발한 16개의 업계 표준 UX 휴리스틱 활용
- 분석 및 추천: 다음 단계로 안내

우리의 성과

- 60만 달러 이상의 검색 엔진 최적화(SEO) 효과
- 2,187개의 페이지 평가: 콘텐츠 검색 용이성, 사용성, 전체적인 품질 개선을 위한 제언 도출
- REI 아웃도어 프로그램 역량 강화: 아웃도어 활동과 관리를 위해 사람들에게 영감을 주고 이들을 교육하며 장비를 갖추도록 함

그림 7.6
콘텐츠 디자인 매니저인 조나단 콜만Jonathon Colman은 2013년에 아웃도어 장비 조합인 REI의 콘텐츠 실사 과정과 결과를 보여주는 포스터를 제작했다.

의심스러운 콘텐츠 표시하기

얼마 지나지 않아 상황에 부적합하거나 효과적이지 못한 메시지를 발견하게 될 것이다. 어떨 때는 그림 7.7처럼 메시지를 담고 있는 문장이 엉망이거나, 메시지의 내용이 맥락에서 벗어났을 수도 있다.

그림 7.7
음식 배달 앱 캐비어에서 부활절 이후 보여주는 팝업창이다. 맥락을 이해하고 받아들일 마음의 준비가 된 상태라면 재미있게 읽고 넘길 것이다. 그러나 이 메시지는 사용자의 식습관을 가정하면서 부끄러움을 느끼게 만든다. 그리고 "그러니까(So)."라는 단어만 있는 문장의 문화적 배경을 이해하지 못하는 사용자가 보면 의미를 이해할 수 없다.

다음은 스스로 물어볼 수 있는 질문이다. 이 질문의 대답이 '아니요'라면 후속 조치나 퇴고 표시를 해야 할 수 있다.

▷ 맥락이 있는 메시지인가? 추구하는 톤을 적용하기에 적합한 곳인가? 작업 흐름에서 사용자가 어디쯤 있는지 고려하지 않고 메시지를 작성했는가?

▷ 공감하는 메시지인가? 재치 있거나 재미있다고 생각하는 문구 때문에 자기도 모르게 공감을 희생할 때가 있다. 프로덕트 오너나 자신의 만족을 위해 느낌표를 추가하

거나 발랄하거나 톡톡 튀는 문구를 쓸 수 있다. 그러나 이는 스트레스를 받는 상황의 사용자를 화나게 할 수 있다. 그림 7.7은 누군가에게는 재미있지만 다른 사람에게는 전혀 공감할 수 없는 메시지의 전형적인 예이다.

▹ 포용적인 메시지인가? 메시지가 특정한 사람을 소외시키거나 배제하는가? 잘못하면 이 메시지를 어떻게 이해할 수 있겠는가? 젠더, 섹슈얼리티, 민족, 인종, 나이, 능력이 다른 사람을 어떻게 배제하고 있는가?

▹ 번역이 쉬운 메시지인가? 관용 표현이 있거나 지나치게 구어체이지는 않은가? 작성된 언어를 하지 못하는 사람이 이 메시지를 어떻게 해석할 수 있겠는가? 직역했을 경우 어떤 의미가 상실될 수 있는가?

비슷한 메시지끼리 묶기

이제 실사를 바탕으로 톤을 체계적으로 생각해 보자. 상호작용에서 나타나는 대화의 품질에 관한 생각을 하고 있음을 기억하자. 이제 가능한 한 개요를 실제 상호작용처럼 만들어 본다.

시나리오	사용자의 마음 상태
제품 의도	톤의 특성
메시지 예시	

그림 7.8
필자가 UX 라이팅 기초 워크숍에서 사용하는 톤 프로필 워크시트

페이스북 콘텐츠 전략팀이 톤 프로필을 개발하면서 했던 질문과 비슷하게, 대화에서 고려해야 할 세 가지 주요 요인(여러분, 상대, 두 사람이 처한 상황)을 살펴보겠다.

실제로 조사한 각 작업 흐름마다 아래의 질문을 던지고 답해본다.

▶ 시나리오: 이 메시지가 어떤 상황에서 사용자에게 표시되는가?

▶ 사용자의 마음 상태: 이 메시지를 받을 때 사용자가 어떤 기분을 느낄 수 있는가? 사용자는 어느 정도로 이 메시지를 받아들일 수 있는가?

▶ 제품 의도: 목표가 무엇인가? 사용자가 무엇을 달성하기를 바라는가?

▶ 톤의 특성: 전형적인 톤 성향과 통할 수 있는 이 톤의 성향은 무엇인가? (지원하는 톤인가? 보살피는 톤인가? 신뢰감을 주는가? 인내심이 있는가?)

이런 질문에 간단하게 답해보고(그림 7.8과 같은 표를 활용할 수 있다), 유사점을 찾아본다. 사용자의 목적이나 사용자가 메시지를 얼마나 열린 마음으로 수용하는지 등에서 자연스럽게 유사점이 나타나는 것을 보게 될 것이다. 이런 활동은 폭넓은 질문에 답하고 적합한 톤에 관한 맥락을 파악하여 개별적인 메시지 기회를 개발하는 데 매우 유용하다.

실전 TIP! 다양한 톤으로 UX 라이팅하기

톤 프로필에 무엇을 넣고 뺄지를 알아보는 가장 좋은 방법은 하나의 메시지를 가지고 다양한 톤 스타일로 바꿔보는 것이다. 톤에서 가장 멀어질 때가 언제인지, 해당 톤이 메시지에 적합한지를 판단하기에 아주 좋다. 다시 읽어봤을 때 뭔가 이상하다면 그 톤이 적합하지 않다는 이야기이다.

여기서는 비밀번호 강제 재설정 메시지를 예로 들어보겠다. 메시지는 다음과 같다.

▶ UI 유형: 확인 대화창

▶ 비밀번호를 90일마다 재설정해야 함

▶ 제때 재설정하지 않았으므로 계정이 만료됨

▶ 새 비밀번호를 선택하고 다시 로그인해야 함

▸ 비밀번호는 12자 이상이어야 하며 문자와 숫자를 포함해야 함

톤의 예시는 다음과 같다.

▸ **격려**: 고객님이 가치를 실현할 수 있게 목표 달성을 위한 긍정적인 동기 부여를 합니다.
▸ **정보 제공**: 중립적이며 의미 없는 말은 하지 않습니다. 사실을 알려드리기 위해 핵심만 전달합니다.
▸ **신뢰**: 저희는 보안과 안전을 최우선으로 합니다. 고객님의 정보를 안전하게 보관하므로 믿으셔도 됩니다.
▸ **공감**: 그런 일이 있었다니 안타깝습니다. 저희가 힘든 시기를 겪고 계신 고객님을 도와드리기 위해 옆에 있음을 기억하세요.

이제 이 톤을 적용해 메시지를 작성해 보자!

격려

앤디님, 안녕하세요! 비밀번호를 재설정해야 합니다. 지난번에 변경한 지 벌써 90일이 지났거든요. 문자와 숫자를 포함하는 12자 이상으로 된 새 비밀번호를 얼른 만들어 보세요. 그리고 새 비밀번호로 다시 로그인하시기 바랍니다.

CTA: 비밀번호 재설정

정보 제공

고객님의 비밀번호가 설정된 지 90일이 지나 만료되었습니다. 새로 만들어서 다시 로그인하세요.

CTA: 비밀번호 재설정

신뢰

고객님의 보안은 저희에게 매우 중요합니다. 그러니 새 비밀번호를 만들기 바랍니다. 비밀번호는 문자와 숫자를 포함하여 12자 이상으로 구성되어야 합니다. 새 비밀번호로 다시 로그인하시면 됩니다.

CTA: 비밀번호 재설정

공감

안타깝지만 비밀번호가 만료되어 재설정 후 다시 로그인하셔야 합니다. 고객님의 계

정을 안전하게 보호할 수 있도록 문자와 숫자를 포함하여 12자 이상으로 비밀번호를 만들어 주세요.

    CTA: 비밀번호 재설정

작성된 문구를 소리 내어 읽어보니 '공감' 톤은 적합하지 않다는 것이 분명하다. '격려'도 다소 과하다. '정보 제공'이나 '신뢰' 정도가 합리적이다. 불편한 상황이지만 익숙한 작업이기 때문이다.

패턴 찾기

실사의 목적은 제품이나 작업 흐름을 통해 사용자 경험의 큰 그림을 보는 것이다. 그러면 하나의 메시지만 생각하는 것에서 벗어나게 된다. 시각 디자이너가 프로토타입 앱의 화면 단위로만 생각하는 것에서 벗어나는 것과도 같다. 실사 대상이 되는 제품의 각 메시지 그룹을 살펴보면 패턴이 나타난다. 그러면서 다음을 알아차릴 수 있다.

▶ 사용자가 각 상호작용을 시작할 때 메시지나 어수선한 화면 때문에 혼란스럽거나 부담스러운 기분을 느끼거나 메시지를 다 읽을 수 없을 정도로 바쁘다고 생각할 수 있다.

▶ 메시지 표현의 강도가 너무 높을 수 있다. 사용자가 진짜로 필요로 하는 것은 특정 부분에서 명확하고 간결한 메시지이다.

▶ 사용자는 상당히 복잡한 작업 흐름을 성공적으로 마무리해서 자신의 목표를 달성한 것에 만족할 것이다.

▶ 사용자의 마음 상태나 상황을 가정한 메시지를 활용했고, 사용자는 그 메시지를 안 좋게 받아들였다.

종합하기

이제 패턴이 눈에 들어오고 인터페이스와 사용자의 관계가 서로 어떻게 영향을 미치는지 알게 되었을 것이다. 이는 해당 제품의 UX 라이팅과 디자인이 UX 라이터가 설정한 목표와 그 목표를 달성하는 사용자를 지지하고 있는지, 반대로 방해하고 있는지를 생각해 볼 수 있는 절호의 기회이다.

지금까지 파악한 UX 라이팅의 좋은 점과 개선점을 종합하여 톤 프로필을 작성한다. 이 프로필은 맥락을 바탕으로 사용자에게 정확하고 전략적으로 말하기 위한 첫 번째 시도이다. 부모님이나 절친한 대학 친구에게 말하는 방식이 서로 다르듯, 이 체계를 활용하면 제품이 신규 사용자, 기분 좋은 사용자, 힘들어하는 사용자 등 각각의 사용자에게 알맞게 말할 수 있다.

지도로 그려보기

톤 스펙트럼을 시각화하는 방법은 정말 다양하다. 어도비는 사전 예방에서 사후 대응까지의 톤 스펙트럼을 시각적으로 표현했다(175페이지 그림 7.3 참조). 톤이 중간으로 향할수록 중립적이며 표현이 적어지는 반면, 톤이 끝으로 향할수록 표현이 많아진다.

사용자 여정은 보통 선형으로 나타나므로 이를 지도로 그려보면 도움이 많이 된다.

▸ **동기 부여**: 온보딩 경험에서 전형적으로 나타난다.
▸ **유용성**: 기존 경험에 생긴 새 기능을 전달하는 것과 같이 강도가 낮은 표현에 적합하다.
▸ **안정감**: 개인 정보 관련 작업이나 금융 거래에 적합하다.
▸ **도움 제공**: 불만이 있거나 불안정한 경험을 한 사용자에게 적합하다.

그러면서도 이런 시각화는 톤 대다수가 정보 제공에 해당하며 저강도 표현에 최적화되어 있다는 것을 보여준다. 따라서 중립적이고 간결한 형식을 달성하기 위해 열심히 노력해야 한다.

톤 프로필 사용하기

톤 프로필이 완성되었다. 그렇지만 실제 UX 라이팅에 적용할 방법이 없으면 이 프로필은 무용지물이다. 프로필의 지침을 따라서 몇 가지 전술적인 규칙을 작성한다. 예를 들어 살펴보자.

동기를 부여 하는 톤:

▶ 필요하면 사용자에게 인사를 건넨다.

▶ 사용자에게 동기를 부여하여서 하게 할 행위나 배우게 할 내용의 가치를 강조한다.

▶ 혼란이나 부담을 느낄 수 있음을 인지한다.

지시하는 톤:

▶ 주체로서 배경으로 한발 물러난다.

▶ 전달하려는 정보만 전달하고 다른 내용은 추가하지 않는다.

▶ 사용자에게 현재 일어나는 일이나 동작을 취했을 때 다음에 무슨 일이 일어날지 강조한다.

지원하는 톤:

▶ 사용자가 스트레스를 받고 있음을 인지한다.

▶ 신뢰와 사용자의 보안 및 안전을 먼저 이야기한다.

▶ 작업 흐름의 결과나 해결 방안을 강조한다. 사용자가 동작을 취했을 때 무엇이 개선 될 것인가?

주기적으로 재검토하기

월계관을 썼다고 안주하면 안 된다. 여러분은 UX 라이터로서 진화한다. 소프트웨어도 진화하고 변화한다. UX 라이팅팀에 있다면 팀 안에서의 관계도 발전한다. 톤 체계를 주기적으로 재검토하여 여전히 이 체계가 합당한지 살펴보는 것이 매우 중요하다.

중간에 미처 설명하지 못한 큰 구멍이 있지는 않은가? 톤 프로필이 사용자 기반과 관련이 없는 것은 아닌가?

이렇게 톤 체계를 분기별로 확인하여 다음과 같은 질문을 해야 한다.

▶ 이 체계가 여전히 나(팀)의 요구를 충족하는가? 사용자를 위한 UX 라이팅에 도움이 되는가?

▶ 사용자에게 새로운 맥락을 제공하는 새 기능(예: 사용자가 비밀번호를 재설정해야 할 수 있는 새로운 계정 관리창)이 있는가?

▶ 톤 체계에서 사용하지 않는 부분이 있지는 않은가?

자신에게 맞는 방법을 찾아서

이 책을 집필하는 현재, 일부 톤 체계에서는 그림 7.9에 나타난 쇼피파이Shopify의 폴라리스Polaris 디자인 시스템처럼 톤을 긍정적인 맥락과 부정적인 맥락으로 나누기도 한다.2 또한 그림 7.10에 나타난 18F(미국 정부의 총무청 소속 조직)의 톤 체계는 스타일 특성과 라이팅 원칙을 포함한 거의 미니 보이스 가이드와도 같다.3

이런 이야기를 한 이유는 톤 체계 수립, 파악, 기록, 계획 방식이 매우 다양하므로 접근 방식, 비즈니스, 사용자, 전략 수립 역량 등에 따라 톤도 매우 다양해질 수 있음을 말하고 싶었기 때문이다. 체계의 완성도와 계획성이 높아질수록 경직되고, 스트레스 케이스나 특수 사례에 유연하게 대응하

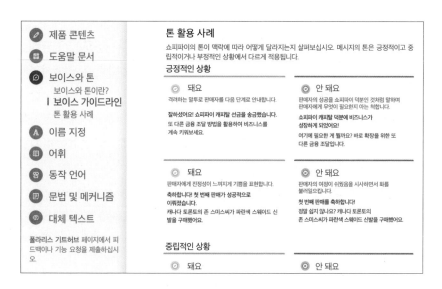

그림 7.9
쇼피파이의 보이스 및 톤 가이드라인 내 폴라리스 디자인 시스템 스크린숏

지 못할 수 있다. 반대로 단순하고 광범위할수록 모호하고 해석의 여지가 많아질 수 있다.

가장 중요한 점은 전략적인 방식으로 사용자와 커뮤니케이션하고, 사용자가 인터페이스와 상호작용하는 것이니 그 맥락을 신중하게 고려하는 것이다.

톤 선택

앞서 말한 것처럼 보이스는 일관적이지만 톤은 다양할 수 있다. 일진이 정말로 사나운 어느 날에 쾌활하게 (반복적으로) 무엇을 도와드리면 될지 묻는 가게 점원을 만났다고 생각해 보자. 당신의 비언어적(혹은 언어적) 신호를 파악하지 못한 이 점원은 **톤에 무지한 사람**이다. 이 점원은 시종일관 도움을 주려는 보이스를 유지했지만, 에너지 넘치는 톤에서 다소 절제된 톤으로 톤을 바꾸는 데에는 실패한 것이다. 따라서 이 점원의 메시지는 (얼마나 가치가 있거나 의도가 좋았든 간에) 당신에게 전달되지 않는다.

이 점원과 같은 길을 가지 않으려면 다양한 상황에서의 사용자 요구를 고려해야 한다. 이런 요구를 바탕으로 톤을 정한다.

세 가지 독자 그룹을 대상으로 하는 세 가지 사례를 살펴보자. 부고란, 기술 블로그 포스팅, 갓 약혼한 커플을 대상으로 하는 마케팅 이메일에는 매우 다른 톤이 사용된다. 왜일까? 각기 전혀 다른 감정 상태의 독자를 대상으로 하기 때문이다.

라이팅 유형	대상 독자	톤	예시
유명한 커뮤니티 회원의 부고	고인을 직·간접적으로 아는 사람	경의를 표하는, 정중한, 엄숙한	펠햄 교수님은 동료 교수들에게 존중받는 분이셨습니다. 또한 수강 신청일이면 학생들이 아침 일찍부터 준비를 할 정도로 학생들의 존경을 한 몸에 받으셨습니다. 교수님의 위트, 부드러운 유머, 따뜻한 마음은 교수님과 이야기를 나눴던 모든 이의 가슴에 새겨졌습니다.
블로그 포스팅	개발자 및 기타	직접적, 공정한	오픈 소스 스타일 가이드는 종합 핸드북 입니다.

그림 7.10
18F의 톤 체계 스크린숏

8장

효과적으로 협업하기

8

UX 라이팅으로 경험을 디자인하는 것은 문장을 쓰는 옳고 그른 방법을 달달 외워서 할 수 있는 것이 아니다. 사용자와 조직 모두 저마다 다른 특성이 있다. UX 라이팅에는 이런 점이 담겨야 한다.

이는 커리어에도 해당한다. 이 일을 하는 데 '올바른' 직함이나 직무 설명이란 사실 없다. 팀에 공헌하거나 자신이 어떤 일을 하는지 다른 사람이 이해할 수 있게 만드는 방법이 하나만 있는 것은 아니다. 사용자에게 적합한 단어를 찾아야 했던 것처럼, 조직에서 일하기에 적합한 방식을 찾아야 한다. 그리고 자신이 어떤 업무를 하는지 명확하게 규정하는 것이 상당히 중요하다.

어떤 사람은 UX 라이팅 스킬로 단일 제품(또는 여러 제품)에 명확성과 사용성을 더하기 위해 풀타임으로 고용되었을 수 있다. 아니면 다른 일(시각 디자인, 제품 관리나 개발)이 주 업무지만 만들려는 경험을 구성하는 언어가 사용자의 요구를 충족하도록 만들고 싶은 사람일 수 있다.

어떤 경우든 간에 자신의 역할을 설계하는 것은 UX 라이팅만큼 중요하다. 이 책에서 지금까지 배운 모든 내용은 최종 제품에 영향을 미치지 못한다면 쓸모가 없다는 점을 기억하자. 훌륭한 디자인처럼 훌륭한 UX 라이팅은 사용자에게 유용한 가치를 제공하는 데 사용되어야 한다.

팀의 보이스를 경청하라

제품 관련 작업을 시작하면 모든 것이 중요하다고 생각할 수 있다. 지금 하는 일에 그동안 배운 모든 교훈을 적용해야겠다고 생각하듯이 말이다.

그럴 필요는 하나도 없다. 가장 중요한 것은 요구를 충족하는 일이다. 꿈에서 그리던 멋진 UX 결과물을 만들었지만 정작 필요치 않을 때도 있다. 더 나은 것을 만드는 일과 결과물을 만드는 것을 혼동하지 말자.

(자신에게 다른 우선순위가 있다고 하더라도) 우선은 팀의 요구를 충족하는 것에서 시작한다. 그러면 사용자의 요구를 충족하는 데 필요한 지원을 받을 수 있을 것이다. 써야 할 글은 산적하고, 결과물을 만들어내야 한다는 제품 팀의 압박은 상수이다. 따라서 팀에서는 마케팅 메시지부터 인터페이스 카피, 에러 메시지까지 할 일이 다양하게 있을 것이다.

이런 것들은 UX 라이터가 합류하기 전에 필요에 따라 작성되었음이 분명하다. 많은 팀에 UX 라이팅을 하는 사람이 있지만, 공식적으로 교육을 받거나 하지는 않았다. UX 라이팅은 필요하면 수행되는 일이었다. 개발자가 코딩 시나리오를 쓰거나 디자이너가 인터페이스 디자인 라이팅을 하고, 프로덕트 오너가 이를 편집하거나 다시 쓰는 식이었다. 여러분은 이들의 부담을 줄여줄 수 있고, 그러면 그 사람들의 호의와 지지를 받을 수 있을 것이다.

이 일이 어려울 수 있다. 진짜로 경험을 디자인하고 싶다면 배정받은 UI 카피를 작성하는 것보다 더 많은 일을 해야 하기 때문이다. 사용자를 연구하고 그들의 문제를 해결하는 데 시간을 투자해야 한다. 그렇지만 이렇게 뛰어드는 것이 더 빨리 목표 지점으로 가는 길이다.

미카엘라 해크너Michaela Hackner는 여러 팀에서 자신이 도움이 된다는 것을 증명한 경험이 풍부하다. UX 콘텐츠 전략가로서 그녀는 사람들이 돈과 관련하여 더 나은 결정을 내릴 수 있도록 금융 서비스의 접근성을 높이는 일을 주로 해왔다.

해크너는 자신이 참여하는 팀에서 공감대를 형성하는 것이 성공의 핵심임을 깨달았다. 그녀는 "대부분은 문서나 사양, 와이어 프레임 같은 것을 주고는 내용을 채워달라고 합니다. (UX 라이팅이) 그런 일이라고 생각했던 거죠."라고 말했다.

규모가 큰 은행의 팀에 합류했을 때, 팀에서 자신이 디자인 문제 해결을 어떻게 도울 수 있는지에 관심이 없어 보여서 처음에는 좌절하기도 했다. 팀에서는 그저 글만 써주기를 바랐다.

"일단 가서 UX 라이팅을 시작했어요. 그때 그 팀에 필요했던 일이었으니까요. 그리고 그 요구가 충족되기 전에는 서로 합의점을 찾기가 상당히 힘듭니다."라고 해크너는 설명했다.

그렇지만 해크너의 공헌을 팀에서도 알아주게 되었다. 해크너는 이 일을 계기로 그 회사에서 재직하는 동안 가장 큰 사업적인 변화를 이끌 여지가 생겼다고 했다. 그럴 뿐만 아니라 제품 파트너와 더할 나위 없는 업무 관계를 형성할 수 있었다. 그녀는 "일단 신뢰를 형성하고 필요한 일을 도와주고 나면 일을 하는 다른 방식을 보여줄 수 있다는 점을 알게 되었어요."라고 말했다.

공감은 다른 사람이 겪는 감정과 그 이유를 파악하는 것이 핵심이다. 인디 영Indi Young은 자신의 책 《실용적으로 공감하기Practical Empathy》에서 이 내용을 다루었다. 영은 비즈니스 세계에서 어떤 의사 결정으로 영향을 받는 사람에 공감하지 않고서 공감하는 의사 결정을 내리는 실수를 흔히 한다고 지적했다.

팀에 합류하는 것도 마찬가지이다. UX 라이팅을 획기적으로 바꾸는 것을 기대하기 전에, 팀의 보이스를 경청하고 팀이 느끼는 압박감, 동기, 요구를 이해한다. 경청과 질문을 통해 이해한 다음, 알게 된 것에 관한 행동을 취한다.

30분간의 대화가 주는 효과

나는 2017년 1월 어도비에 최초의 UX 콘텐츠 전략가로 입사했다. 약 300여 명이 있는 제품디자인팀에 글 쓰는 사람이 홀로 떨어진 것이다. 내가 어도비 제품군 전체에서 일하는 디자이너와 제품 매니저와 이야기하는 일은 매우 중요했다.

그래서 '오피스 아워Office Hours'를 시작했다. 매주 몇 시간을 할애하여 각 디자인팀과 30분씩 이야기를 나누며 글과 관련한 디자인 문제를 해결하는 데 도움을 주었다.

이 오피스 아워가 크게 인기를 끌게 될 줄은 정말 몰랐다. 알고 보니 많은 제품팀에서 인터페이스의 문구를 개선해야 할 필요를 느끼고 있었던 것이다. 그리고 얼마 지나지 않아 30분이 성급한 해결책과 즉석에서 쓴 문구 몇 개를 쥐여주기에도 빠듯한 시간이라는 점을 깨달았다.

그렇지만 다른 방면에서 정말 도움이 되었다. 내가 전체 그림을 보고 제품 전반에 걸친 문제를 인식할 수 있었다. 그리고 이를 바탕으로 대규모로 변화를 이룰 수 있었다. 이는 내가 업무 우선순위를 정하고, 많은 팀이 조직별 사일로에 갇혀서 업무를 중복적으로 하는 것을 방지하는 데 매우 유용했다.

또한 이 과정에서 정말로 많은 디자이너, 연구자, 제품 매니저를 만날 수 있었다. 그 덕분에 관계도 쌓고 내가 일하는 방식을 더 효과적으로 전파할 수 있었다. 결국에는 인원이 충원되어 내 팀을 구성할 수 있게 되었다.

여러분이 디자이너로 구성된 대형 팀의 유일한, 혹은 몇 안 되는 UX 라이터라면, 오피스 아워를 진행하는 것도 좋다. 물론 팀에서 상담하는 문제를 즉시 해결해 주지는 못하겠지만, 훨씬 크고 시스템 차원의 문제를 해결할 동력을 얻게 될 것이다.

자신의 프로세스 디자인하기

제품팀을 위한 UX 라이팅을 하면서 많은 사람이 불만을 제기하는 지점 중 하나가 바로 일이 너무 막바지에서야 자신에게 온다는 것이다.

어떤 일을 말하는 것일까? 의사 결정 사항, 요청, 그리고 일반적으로 흥미롭고 전략적인 거의 모든 일이다. 불만스러울 수 있다. 그렇지만 다른 사람이 보기에 UX 라이팅이 쉬워 보인다는 사실을 기억하자.

업무 프로세스가 UX 라이팅을 어렵게 만든다면, 그 프로세스를 바꾼다. 불만이 있다고 표현하기보다는 업무를 더 잘할 수 있도록 업무 흐름을 설계할 수 있다. 업무 흐름을 어떻게 설계할 수 있는지 살펴보겠다.

▶ 미리 계획한다: 보통 막바지에 떠밀리듯 하는 작업이 최악의 상황일 것이다. 제품 관련 밀린 업무 전체를 이해하고 계획을 세워 팀이 UX 라이팅에 필요한 시간을 줄 수 있도록 한다.

▶ 방해물이 있음을 알린다: 개발 세계에서 방해물blocker은 업무를 완수하는 데 필요한 것이 없는 상태를 의미한다. 정보가 더 필요한가? 의사 결정이 내려지기를 기다리고 있는가? 그렇다면 팀에 이를 말하자.

▶ 관련된 모든 업무를 고려한다: 작성한 글을 관계자와 검토해야 하는가? 법무팀에서 글을 승인해야 하는가? 작업 결과물과 관련하여 더 많은 사람과 회의할 시간을 잡아야 하는가? 연구를 수행해야 하는가? 이 모든 일이 UX 라이팅에 포함된다. 그러니 업무 타임라인에서 이런 요소를 고려하도록 한다.

위와 같은 방법으로 더 나은 업무 흐름을 세울 수 있는 여건을 조성한다. 너무 멀리 가기 전에 몇 시간만 투자하면 장기적으로 수백 시간을 절약하고 일도 더 잘할 수 있게 될 것이다.

풀타임으로 글을 쓰든 다른 업무를 하며 잠깐씩 글을 쓰든 간에 글을 쓸 시간을 확보해야 한다. UX 라이팅이 디자인이라고 한다면, 여기에는 UX 라이팅만이 아니라 더 많은 것이 포함된다. 그리고 우리만 이런 주장을 하는 것이 아니다. 스콧 쿠비Scott Kubie는《디자이너를 위한 UX 라이팅

Writing for Designers》1에서 다음과 같이 말했다.

> "UX 라이팅은 생각보다 디자인에 가깝다. 문제를 구조화하고 제한 사항을 파악하며 해결 방안을 모색하는 등의 일반적인 디자인 활동은 모두 UX 라이팅에도 해당한다. UX 작업에서 사용되는 많은 방법론이 UX 라이팅 업무 흐름에도 적용될 수 있다. 여기에는 관계자 인터뷰, 사용자 연구, 콘텐츠 실사, 아이데이션(ideation, 아이디어 생산을 위해 행하는 활동 혹은 아이디어 생산 자체를 뜻하는 광고 용어) 워크숍, 비평 등이 포함된다."

자신의 역할을 설계하고 이를 다른 사람에게 설명하는 일은 UX 라이팅은 나중이라는 사고방식을 바꾸는 데 도움이 되고, 자신과 다른 UX 라이터가 성공할 수 있는 기반이 된다.

대화에 참여하기

중요한 대화에서 빠지는 일은 고통스럽고 실망스럽다. 킥오프kick-off 회의일 수 있고, 스프린트sprint 기획 회의이거나 기능 아이데이션 세션일 수 있다. 그런 자리에서 빠지게 되면 나중에 여러분은 자신이 그 자리에 있었어야 했다고 생각하게 될 것이다. 그 대화의 결과가 UX 라이팅의 대상이 되는 사용자와 제품에 큰 영향을 미치기 때문이다.

그런데 이렇게 UX 라이터를 대화에 참여시키지 않는 경우를 보면 십중팔구는 UX 라이터가 프로젝트 초기에 그렇게 큰 영향을 미칠 수 있다고 생각하지 못한 것이다.

그러면 어떻게 해야 할까? 스스로 그런 자리에 참여하는 것이다.

이는 상당히 어려운 일이며 어떤 사람에게는 무서운 일이기까지 하다. 특히 내성적인 사람에게는 더욱 힘들다. 그렇게 먼저 움직이는 것이 힘들 것이다. 그러나 다른 사람이 초대해 주기를 기대하지만, 끊임없이 초대받지 못하는 경우 겪게 될 감정이 더욱 힘들 것이다.

이제부터는 주요 회의에 초대를 받기 위한 몇 가지 전략을 나누려 한다.

전략 1: 참관하기

"그 회의에서 중요한 결정을 하는 것 같은데요. 제가 들어가서 듣기만이라도 하게 해 주실 수 있나요?"

자존심이 세거나 위계를 중시하는 사람과 이야기할 때 이런 식으로 이야기해 보자. 자신이 그 회의에 들어갈 만큼 중요한 사람이라고 생각하여 다른 사람이 들어오는 것을 꺼릴 수 있기 때문이다.

여기에 "그냥 참관만 하고 싶어서요." 또는 "제 업무에 영향이 갈 수 있는 일이 있는지 알고 싶습니다."와 같은 내용을 섞어서 말할 수도 있다.

거의 모든 경우에 이 방식이 효과적이다.

그렇지만 통하지 않을 때도 있다. 프로덕트 오너나 매니저가 "기분 나쁘게 듣지는 마세요. 소규모로 회의를 진행해서 빠르게 의사 결정을 하려고 해서요."라고 말할 수 있다.

이런 말은 상처가 될 수 있다. 그렇지만 개인적인 감정이 있어서 그런 말을 한 게 아니라는 점을 명심하자. 이때는 이렇게 말해보자. "이 인터페이스에 영향력이 큰 언어가 많이 들어갑니다. 제가 지금 언어와 관련한 사항을 정할 때 도움이 될 수 있다면, 앞으로 디자인이 구체화하는 과정에서 엄청나게 시간과 돈을 절약할 수 있을 것 같습니다."

그리고 이는 다음 전략으로 이어진다.

전략 2: 생산성 조력자

"그 주제는 제가 지금 작업하는 것과 연관되는 것 같습니다. 저도 회의에 참여해도 될까요? 변경 사항이 너무 늦게 전달되어서 개발팀이 일을 진행하지 못할까 봐 걱정되거든요."

사람들이 묻지도 따지지도 않고 회의에 초대해 주기를 바란다면 개발팀의 업무에 영향을 줄 수 있다고 말하면 된다.

웃긴 일이지만, 사실 많은 기업이 개발팀에서 할 일이 없는 것을 최악의

상황으로 본다. 추후의 변경으로 자신을 비롯하여 개발팀도 영향을 받는다
는 점을 알려주면 UX 라이터가 왜 초기 단계부터 회의에 참석해야 하는지
이해할 수 있을 것이다.

▌전략 3: 도움의 손길

"팀의 이해도를 동일하게 만드는 데 도움이 되는 워크숍 활동이 있는데요. 제가
그 활동의 촉진자가 되어 진행해 보는 건 어떨까요?"

전략 문구이든 유사성 그룹화 작업(유사한 주제끼리 아이디어를 그룹화하는
것), 혹은 디자인 스튜디오이든, 사람들은 워크숍을 좋아한다. 적극적으로
참여하며 대화에 집중하고 팀은 유형적인 것에서부터 시작한다.

전략 관련 대화에 참여하는 아주 좋은 방법이 바로 워크숍을 진행하고
그룹이 공통된 이해를 갖추도록 돕겠다고 제안하는 것이다.

투명성 전파하기

다른 관계자가 UX 라이터의 업무를 잘 몰라서 회의 등에 참여하지 못
할 때가 있다.

UX 라이터는 버튼 이름을 보면 사용자가 이것을 보기 전에 무슨 일이
있었을지를 고민하며 다섯 가지의 질문을 떠올린다. 반면 이 버튼 이름을
검토해 달라고 보낸 개발자는 똑같은 버튼을 보며 UX 라이터가 이름을 5
분 안에 보내주면 출시 전에 테스트 서버에 코드를 내보낼 수 있을 것으로
생각한다.

이럴 때 혼자 고민하지 말고, 떠올린 고민거리들을 팀원 모두에게 공개
한다. 지라Jira(문제 사항 및 프로젝트를 기록할 때 많이 활용하는 툴)의 사용자 스
토리에 이 내용을 올린다. 답변이 달릴 때까지 해당 스토리가 사라지지 않
도록 이를 고정해 놓고 기다린다. 아니면 슬랙이나 마이크로소프트 팀즈
Microsoft Teams, 기타 업무용 메신저 앱으로 질문한다.

투명성은 모두가 UX 라이터의 업무 흐름과 어떻게 도울 수 있는지 이해하는 데 유용하다.

그러나 이는 단순히 UX 라이터가 어떤 질문이 있는지 보여주기 위한 것만은 아니다. 왜 이 질문이 제품에 중요한지 다른 사람이 이해할 수 있도록 돕는 용도이기도 하다.

먼저 궁금한 것을 투명하게 공개함으로써 다른 사람도 자신이 궁금한 것이나 의견을 공개할 수 있게 자신감을 심어주게 된다.

질문하기

언어에 관심이 많은 사람이라면 작업하는 내용과 관련하여 수많은 질문을 할 것이다. 훌륭한 UX 라이팅은 내용을 더욱더 명확하게 만들기 때문이다. 그리고 UX 라이팅에 아무도 신경 쓰지 않으면 내용은 그다지 분명해지지 못한다.

아마도 같이 일하는 사람들은 UX 라이터를 신기한 동물 보듯이 쳐다볼 것이다. 심지어는 그렇게 걱정할 필요가 없다면서 질문을 많이 할 필요가 없다고까지 할지도 모른다.

그렇지만 질문하는 것은 매우 중요하다.

인간은 질문을 통해 자기 주변의 세계를 이해한다. 이전까지 많은 팀에서는 아무도 제품에 활용되는 언어를 이해하려고 노력하지 않았다. 제품의 언어를 이해하는 일은 두렵고 생소한 일이다.

코드 배포, 제품 시장 적합성, 로드맵, CSS 규칙, 데이터베이스 쿼리, API, 기타 팀 활동과 관련된 자세한 내용 등에 관한 수많은 질문을 했으리라 생각한다.

제품과 제품의 용도를 질문하면 업무의 효과가 눈에 띄게 커진다. 인터페이스에서 무슨 일이 벌어지는지에 관한 질문을 넘어 제품이 해결하려는 문제가 무엇인지 물어보자. 무슨 일이 일어나는지 UX 라이팅을 하는 자신이 모르면 사용자는 어떻게 느끼겠는가?

힐러리 아카리치Hillary Accarizzi는 그간의 경험으로 UX 라이터가 편하게 질문할 수 있는 팀 문화를 만들었다. 아카리치는 대형 보험사에서 디지털 제품 관련 작업을 하는 UX 라이터와 콘텐츠 전략가를 관리하는 업무를 하고 있다.

아카리치는 본인이 관리하는 모든 UX 라이터가 마음 놓고 전체적인 제품 경험에 기여하도록 돕고 있다. "그저 주어진 내용으로만 UX 라이팅을 하지 말라고 합니다. 저는 그들이 자신의 가치가 UX 라이팅에만 국한되지 않는다는 점을 알게 해주고 싶거든요."라고 아카리치는 설명했다.

이를 대규모로 실현하는 방법은 팀 구성원이 질문을 하게 만드는 것이다. 그녀는 "큰 회의에서 질문하는 게 불편하면, 믿을만한 사람에게 찾아가 개별적으로 물어봐도 됩니다. 질문을 많이 하고 점점 질문하는 것에 익숙해지면, UX 라이팅도 더 나아질 것이고 더욱더 전문가답게 보일 수 있어요."라고 말했다.

아카리치는 UX 라이터가 제품에 기여하는 일이 힘들 수 있다고 설명한다. 제 일을 얼마나 변호할 수 있느냐가 이 과정에 포함되기 때문이다. "목소리를 내야 해요. 먼저 나서서 말해야 합니다. 그리고 내 일의 가치를 보여줘야 해요."

이 과정은 힘들어도 보람 있는 일이었다. 아카리치는 "우리의 삶 전체가 디지털이에요. 누군가가 생각이 필요 없을 정도로 아주 원활하고 보람차며 내실 있는 경험을 하도록 도울 수 있는 것, 그게 궁극적인 목표입니다."라고 설명했다.

디자이너나 프로덕트 오너가 인터페이스 디자인을 들고 와서는 "이것 좀 다듬어 주세요."라고 하는 경우가 많을 것이다. 그러면 수많은 질문이 머릿속에서 소용돌이칠 것이다. 그러면 그 질문을 입 밖으로 꺼내자!

특정 상호작용에 관한 작업 시 물어볼 만한 질문을 몇 개 뽑아보았다.

▸ 이 업무 흐름의 목표는 무엇인가?
▸ 사용자가 여기서 무엇을 달성하려 하는가? 이 디자인이 사용자에게 어떻게 도움이

되는가?

▸ 사용자가 이 메시지를 보기 전에 무엇을 보는가?

▸ 확인 버튼을 누르면 무슨 일이 일어나는가?

▸ 이 지점까지 오기 위해 사용자가 어떤 단계를 거쳐야 하는가?

▸ 사용자는 이것의 의미를 이해하고 있는가?

다음은 제품에 관해 할 수 있는 질문이다.

▸ 의도하는 결과는 무엇인가?

▸ 비즈니스에 어떤 긍정적인 영향이 있는가?

▸ 성공을 어떻게 측정하는가?

▸ 이 제품의 비전은 무엇인가?

▸ 어떤 행동을 하게 만들려고 하는가?

이런 질문에 언제나 정답이 있는 것은 아니다. 그렇지만 이런 질문을 던지면 팀 전체에 도움이 되고 UX 라이터는 명확하게 이해할 수 있게 된다.

함께하는 UX 라이팅

모든 조직은 저마다 다르며 요구도 다양하다. 어떤 조직은 풀타임으로 UX 라이팅 업무를 할 UX 라이터나 콘텐츠 전략가를 수십 명 채용할 것이다. 다른 조직에서는 한 사람이 오랫동안 그 업무를 이끌고 있을 수 있다.

그러나 조직에서 UX 라이팅 업무 담당자가 단 한 명이라고 하더라도 사용자가 상호작용하는 UX를 라이팅하는 모든 사람을 지원하는 커뮤니티를 만들 수 있다. 이런 조직 대부분에는 UX 라이팅에 관심이 있거나 UX 라이팅을 잘하고 싶어 하는 사람이 포함된다. 이런 사람들과 관계를 만들면 UX 라이팅 업무가 더욱 수월해질 것이다. 아이디어를 서로 토론하거나 자신의 부서 이외의 관계자에게 연락하려고 할 때 이를 도와줄 사람이 있으면 매우

5월 20일 월요일

사라 스마트 🦃 11:19 AM
지원되지 않는 브라우저에 대해 알거나 관련 카피를 쓰신 분?

2개의 답변   최근 답변일 11일 전

사라 스마트 🦃 11:36 AM
하나 더, 코치마크(coachmark, 앱 등을 처음 실행할 때 사용법을 간단하게 알려주는 장치)
지침이 있나요? 없으면 만들려고요

앤디 웰플 11:43 AM
코치마크 관련해서 아주 가벼운 문법 구조 지침 정도가 있는 것 같아요
- 찾아 볼게요. 그래도 더 자세한 기준이 있으면 좋을 것 같네요.
1개의 답변   11일 전

그림 8.1
어도비 디자인의 #ux-writers-room 슬랙 채널

도움이 된다.

실용적인 차원에서 보면, 이런 업무를 하길 원하는 사람은 앞으로 나아갈 추진력과 에너지를 주는 것에서 힘을 얻는다. 자신과 같은 목표를 가진 다른 사람들과 함께 일하면서 이런 에너지를 만들 수 있다.

사람들이 질문하거나 자기 생각과 아이디어를 공유할 수 있는 공간을 만들면 좋다. 잠시 들를 수 있는 회의실이나 최근 작업 결과물과 리소스를 붙여 보여줄 수 있는 벽면 등을 활용해서 물리적인 공유 공간을 만들 수 있다. 또는 조직의 단체 메신저 툴에 별도의 채팅방이나 채널을 개설한다던가, 이메일 발송 리스트처럼 디지털 공간을 만들 수 있다. 그림 8.1은 어도비 디자인이 조직 내에서 공유하고 있는 슬랙 채널이다.

사람들이 참여하기 쉽고 모든 참가자에게 유용하도록 자신의 디자인 스킬을 이런 공간을 만드는 데 적용해 본다.

이렇게 관계를 쌓는 노력을 기울이면 모두가 이 일을 혼자 하는 것이 아니라는 점을 알게 된다. 비슷한 문제를 해결하려는 사람이 주변에 많이 있

다는 것이 눈에 보이게 되고, 그런 문제를 해결하기 위해 서로 힘을 합칠 수 있게 된다.

그렇지만 이런 관계는 단순히 혼자가 아니라는 느낌만 들게 만드는 것은 아니다. 서로가 업무를 훌륭하게 완수하도록 돕는 실용적인 방법이 몇 가지 있다.

이해 촉진

직함이 무엇이든 간에 기억해야 할 정말 중요한 것이 한 가지 있다. 바로 모든 팀원이 함께 디자인을 경험해야 한다는 것이다.

이는 직함에 '디자이너'가 들어가는 사람에게는 힘든 말일 수 있지만, 사실이 그러하다.

사용자 경험 분야의 전문가인 자레드 스풀Jared Spool은 디자인을 의도의 표현이라고 설명하면서 모든 팀원이 디자이너라고 말한다.[2]

> "모든 팀원이 디자이너로서 일하는 것 자체는 나쁘지 않습니다. 해결하기 복잡한 문제에 힘, 지식, 경험을 가져다주기 때문이죠. 사실 팀 전체가 같은 의도를 가지고 움직이는 것만큼 좋은 일은 없습니다."

UX 라이팅이 디자인이므로 퍼실리테이션facilitation은 필수 스킬이다. 팀이 의도하는 바가 무엇인지 규명하는 것을 도울 수 있다. 이는 디자인에서 빼놓을 수 없는 요소이다.

퍼실리테이션은 아이디어 모색, 개념 설명, 디자인 변경 사항 제안 등을 할 때 다른 사람을 참여시키는 것이다. 퍼실리테이션이 없다면 일은 그냥 자신이 하는 것일 뿐이다. 퍼실리테이션으로 매일 모든 순간에 디자인을 적용할 기회를 얻게 된다.

퍼실리테이션이 부족하면 효과가 없다는 생각이 들게 될 것이고, 그러면 동료들은 UX 라이터가 동떨어져 있다고 느낄 것이다. 훌륭한 퍼실리테이터facilitator는 다른 사람이 열심히 참여하고 가슴 설레며 존중받고 생산적이라고 느낄 수 있게 돕는다.

제품의 로그인 경험을 다시 디자인한다고 생각해 보자. 사용자가 어느 지점에서 어려움을 겪고 이를 어떻게 개선할 수 있는지 등 이 내용을 잘 알고 있어서 마음이 들떴을 것이다. 데이터를 준비하고, 솔루션을 디자인하며, 팀에 열정적으로 이 모든 것을 제안한다. 그러나 팀은 이것이 문제라는 점에 동의하지 않고, 솔루션도 마음에 들어 하지 않는다.

이런 경험은 매우 실망스러울 수 있다. 그러나 퍼실리테이션으로 이를 방지할 수 있다.

솔루션으로 곧바로 들어가기보다 다음 단계를 차근차근 밟아본다.

1. 문제를 파악하고 기록한다. 적어도 자신이 문제라고 생각하는 것을 기록한다. 어떤 문제를 왜 해결해야 하는지 규명한다. 스크린숏, 증언, 보고서, 기타 도구 등을 활용하여 증거를 수집한다. 그리고 이를 팀에서 발표할 일관된 이야기로 만든다.
2. 문제에 동의한다. 팀에서 생각하는 문제점을 경청하고 이 대화를 모든 팀원이 볼 수 있게 기록한다. 그러면 초기에 의견 차이를 해소할 수 있고, 다른 사람이 UX 라이터의 일방적인 주장을 듣는다고 느끼지 않도록 자신의 연구 내용을 언급할 기회가 생긴다.
3. 목표를 세운다. 모두가 내용을 잘 이해하면, 해야 할 일이 더욱 명확하게 보일 것이다. 모두가 볼 수 있는 곳에 팀의 목표를 적어둔다. 또는 사용자 이야기의 수용 기준으로 삼거나, 회의 후 참가자에게 이메일로 보내줄 수 있다. 어떤 방식이든 간에 자신의 목표를 팀 전체가 공유하는 목표로 만들어야 한다.
4. 목표에 기반한 솔루션을 디자인한다. 이제 솔루션을 만든다. 팀 전체가 문제의식과 목표를 공유하고 있으므로 이 작업은 훨씬 수월해진다. 또한 솔루션을 설명할 때 근거로 삼을 수 있으므로 팀에서 제안을 더 잘 받아들이게 된다.

이 단계를 빨리 해치울 수도 있다. 그리고 이 단계를 모두 수행했다고 해도 최종적으로 만드는 디자인 솔루션은 이 과정을 거치지 않았을 때와 같을 수도 있다. 그렇지만 이렇게 신중하게 퍼실리테이션을 거치면 솔루션이 훨씬 더 잘 받아들여지고, 개발되며, 사용자에게 보인다는 것에 차이가 있다. 그리고 이것이 가장 중요한 점이다.

캔버스와 워크시트

처음으로 제대로 된 UX 일자리를 얻었을 때, 스콧 쿠비와 함께 콘텐츠 전략과 UX 라이팅 콤비로 일했다. 그는 나에게 캔버스와 워크시트를 활용하여 공동의 이해를 구축하는 방법을 알려주었다.

우리는 문제에 동의하는 것이 어떤 일을 완수하는 데 가장 중요한 첫 단계라는 점을 일찍이 깨달았다. 처음에는 직접 질문하고는 했다. 그러나 그런 방식으로는 팀이 방어적으로 나온다는 것을 알게 되었다. 그 사람들 입장에서는 입사한 지 얼마 되지도 않은 사람 두 명이 비즈니스 문제네 사용자 요구니 하며 심문하는 것처럼 보였던 것이다.

필요한 정보를 담은 간단한 도구를 만듦으로써 이것(워크시트나 캔버스)으로 정보를 취합하는 환경을 만들었고, 팀에서는 함께 적극적으로 내용을 채웠다. 그러면서 여기에 참여하는 모든 사람이 한 팀인 것 같은 분위기가 조성되었다. 그 과정에서 우리는 문제를 인식하는 것에서 한 걸음 더 나아가 심문자, 그리고 마침내 퍼실리테이터가 되었다.

그림 8.2는 현재 내가 팀에서 사용하는 워크시트이다. 여기에는 디자인 문제, 사용자 요구, 비즈니스 목표 등 기본적인 내용이 들어가 있다. 또한 팀이 자신이 발견한 내용이나 디자인 활동을 적을 수 있는 공간도 마련했다.

이 워크시트의 한 가지 비밀은 목표는 항상 자신은 목표를 분명히 알고 있어야 한다는 점이다. 이 목표를 다른 사람에게 알려줄 필요는 없다(물론 이런 대화를 촉진하는 데 도움을 주는 사람에게는 알려주어야 한다).

이때 내가 세웠던 목표는 팀이 발견에 시간을 많이 투자하지 않으면 경고 신호를 주는 것이었다. 이 팀은 구현에 너무 성급하게 뛰어들어서 사용자의 요구가 명확하지도 않은 솔루션을 만드는 경우가 많았다. 이 워크시트는 사람들에게 자신이 공격받는다고 느끼게 하지 않으면서도 발견이 더 필요한 부분을 비춰주는 기술자 역할을 했다.

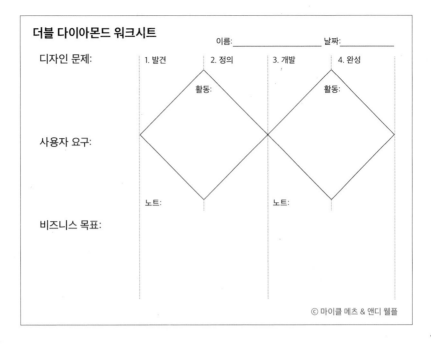

더블 다이아몬드 워크시트

이름:_____ 날짜:_____

디자인 문제:　　　　1. 발견　　　2. 정의　　　3. 개발　　　4. 완성

활동:　　　　　　　　　　　활동:

사용자 요구:

노트:　　　　　　　　　　노트:

비즈니스 목표:

© 마이클 메츠 & 앤디 웰플

그림 8.2
2개의 다이아몬드 워크시트는 팀이 자신이 발견한 내용과 디자인 활동을 함께 기록하기에 좋다.**3**

작업물 공개하기

시각 디자이너는 자기 업무의 시각적인 측면이 굉장히 강력하다는 점을 상당히 빨리 알아차린다. UX 라이터 역시 이 힘을 활용해야 한다.

색채 이론을 공부하거나 무드 보드(mood board, 이미지, 텍스트 등을 활용하여 분위기를 한 장에 표현하는 것)를 만들라는 말이 아니다. 시각적인 도구를 활용하여 다른 사람이 이 업무를 잘 이해하게 만들라는 것이다. 시각적인 도구는 다른 사람이 아이디어를 더 빠르게 이해하고 개념을 더 쉽게 유지하는데 도움이 되므로 UX 라이팅 업무에 꼭 필요한 요소이다.

디자인 툴을 써야 한다는 생각에 겁먹지 말자. 대신, 전달하려는 이야기에 집중한다. 청자에게 무엇을 이야기하고 싶은지만 알면, 시각화하는 방법은 언제든지 배울 수 있다.

도구는 배우기 어렵지 않다. 아이디어를 명확하게 전달하는 것이 훨씬 더 어렵다.

지도

지도는 사람이 시스템이나 어떤 항목으로 빠르게 주의를 집중하도록 한다. 개인이나 팀이 더 명확하게 이해하도록 만드는 데 유용하다. 자신의 업무가 더 큰 계획에 어떻게 부합하는지 이해하고 싶었던 적이 있다면, 지도가 필요한 이유를 찾은 것이다.

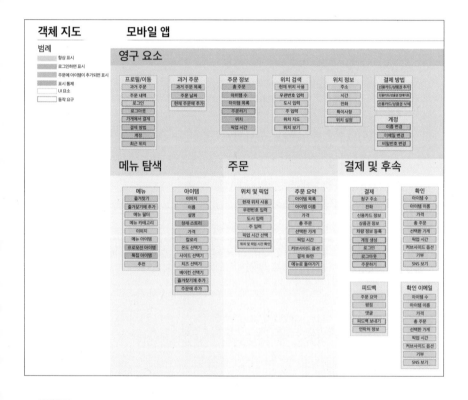

그림 8.3
모바일 앱의 다양한 화면과 상태를 보여주는 객체 지도이다. 각 색상은 이 요소가 언제 화면에 나타나는지를 표현한다.

그림 8.3은 어느 음식점의 모바일 앱을 지도로 나타낸 것이다. 여기에는 객체 지향 UX 접근법을 활용했다(이 경우, 전체적으로 완성된 템플릿을 그리기보다는 그 템플릿에 속하는 어떤 요소의 시스템을 그린다). 이때 경험이 엄격하게 직선적이지 않다는 점을 이해하면서 시스템의 지도를 그린다. 사용자는 다양한 목적으로 다양한 경험 여정의 지점에서 다양한 요소와 상호작용한다. 예를 들어 장바구니는 무언가가 담겼을 때 화면에 나타나게 되어 있는데, 이는 앱의 모든 화면에서 보일 수 있다.

흐름

사용자에게 다양한 경험으로 이어지는 옵션을 여러 가지 제공한다면, 이렇게 세분화되는 경로를 잘 나타내는 것이 흐름이다.

특히 흐름은 선형 로직에 적합하다. 사용자와 시스템이 번갈아 가며 대화를 나누는 경험(대화형 UI 등)에서 흐름은 사용자의 경로에 따라 인터페이스 문구가 어떻게 바뀌는지 보기에 아주 좋다.

또한 인터페이스나 언어를 추가하기 전에 프로세스가 어떻게 작동할 수 있는지 보기에도 좋다. 그림 8.4는 시스템 로그인에서 문제가 발생한 고객을 지원하는 흐름을 나타낸 것이다.

그림 8.4
대화형 UI가 계정 로그인에서 문제를 겪는 고객을 돕는 흐름(케이티 로워Katie Lower 제공)

인터페이스 디자인

작성된 UX 라이팅을 검토하는 과정에서 실제 맥락에서 어떻게 보이는지 알고 싶어 하는 사람이 많다. 이는 당연한 반응이다. 시각적 인터페이스 (화면이 있는 거의 모든 인터페이스)에서는 글과 인터랙티브한 요소가 상호작용하며 디자인을 구성하기 때문이다.

최신 디자인 툴의 사용법을 배우고 디자이너에게 파일을 공유한다. 팀에서 사용하는 디자인 툴에 익숙해지도록 노력한다. 이 책을 집필하는 현재 인기 있는 디자인 툴은 스케치Sketch, 피그마Figma, 어도비 XD, 포토샵이다. 디자인팀에서 표준 요소가 포함된 디자인 소프트웨어 파일을 디자인 시스템에 보유하고 있는 경우가 많을 것이다.

완벽할 필요는 없다. 다만 작성한 UX 라이팅이 맥락 속에서 어떻게 표시되는지, 어떻게 구현될 수 있는지를 보여주면 관계자가 더 큰 맥락에 집중하는 데 매우 유용할 것이다.

비평

비평은 작업 중인 UX 라이팅을 인지하게 만들고, UX 라이팅 작업이 얼마나 어렵고 복잡할 수 있는지를 보여줄 수 있는 아주 좋은 방법이다. 회의가 취소되면 거의 파티 분위기인 지금 세상에서 비평은 동료와 함께 한 시간을 매우 생산적이고 알차게 보낼 수 있다.

비평은 UX 라이터와 팀에 힘이 되어야 한다. 다양한 관점의 이야기를 듣는 기회가 되므로 작업물도 훨씬 개선될 수 있다.

그러나 이런 비평을 유용하게 활용하려면 올바른 마음가짐을 갖춰야 한다. 비평 시 명심해야 할 몇 가지 중요한 내용이 있다.

▶ 의견이 아니라 목표와 사용자에 집중한다. 어떤 내용을 작성한 방식을 마음에 들어 하는지 아닌지는 중요하지 않다. 방법을 다르게 하면 사용자의 요구나 비즈니스 목표를 더 잘 달성할 수 있는지에 관한 내용이 담겨 있어야 비평에 쓸모가 있다.

▶ 진행 중인 작업이어야 한다. 작업 초기에 비평을 진행하여 비평이 방해로 여겨지지 않아야 한다. 정리가 되지 않고 오탈자가 있더라도 이를 공유한다. 대신 읽는 사람이 이해할 정도로 작성한다. 그렇다고 하나를 변경하면 전체를 다시 써야 할 정도로 너무 완벽하게 다듬지 않도록 한다.

▶ UX 라이터가 원하는 피드백의 범위를 설정하게 한다. 발표를 하기 전에 UX 라이터에게 '어떤 종류의 피드백을 원하는가'를 물어본다. 이는 UX 라이터가 대화의 주도권을 가졌다고 느끼게 만들고, 늑대 무리에 홀로 던져진 것 같은 무력감을 느끼지 않을 수 있다. 어떨 때는 자신이 선택한 단어에 의견을 주기만을 바랄 수 있다. 또는 상호작용, (어떤 동작/반응의) 유발점, 진입/출구 지점 등에 초점을 맞추기를 원할 수 있다. 그러나 비평하는 사람 입장에서는 피드백의 범위를 어느 정도로 제한해야 할지 알기 어렵다. 여기서 퍼실리테이터는 발표자가 원하는 피드백 범위를 존중하여 비평하도록 이끈다.

▶ 자신이 작성한 글을 스스로 비평할 수 있다. 누가 자신의 작업물을 비평하면 그것이 개인에 대한 비평이라고 오해하는 경우가 다반사이다. 그렇게 생각할 필요가 전혀 없다. 참여하는 모든 사람은 UX 라이터가 목표로 했던 것과 사용자를 생각하며 비평해야 한다. 이는 다른 사람과 함께 자신의 작업물을 객관적으로 비평할 수 있음을 의미한다.

원격으로 비평하기

내가 가장 좋아하는 비평 방식은 원격으로 진행하는 것이다. 프로토타입에 각자 접근해서 자신의 속도대로 충분히 살펴보게 하는 것이다.

기능에 댓글을 달도록 하면 많은 사람 앞에서 이야기하는 것이 어려운 사람도 참여할 수 있게 된다. 자기 생각을 댓글로 남기도록 하고, 필요하면 내가 그 사람에게 더 자세히 설명해 달라고 하는 것이다.

그리고 화면에는 비평 지침을 띄워 놓는다. 그림 8.5는 원격 비평을 할 때 화면에 나타나는 내용을 그린 것이다.

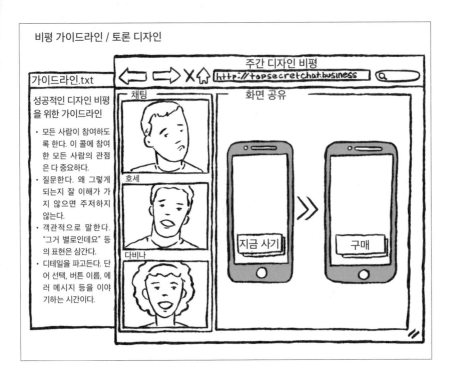

비평 가이드라인 / 토론 디자인

가이드라인.txt

성공적인 디자인 비평을 위한 가이드라인

- 모든 사람이 참여하도록 한다. 이 콜에 참여한 모든 사람의 관점은 다 중요하다.
- 질문한다. 왜 그렇게 되는지 잘 이해가 가지 않으면 주저하지 않는다.
- 객관적으로 말한다. "그거 별로인데요" 등의 표현은 삼간다.
- 디테일을 파고든다. 단어 선택, 버튼 이름, 에러 메시지 등을 이야기하는 시간이다.

주간 디자인 비평

http://topsecretchat.business

채팅

호세

다비나

화면 공유

지금 사기

구매

그림 8.5

원격 비평 세션에는 비평 지침과 토론 영역이 포함된다.

일관성 만들기

다른 작성자와 협업하면서 각자 다양한 방식으로 내용에 접근하고 UX 라이팅을 한다는 사실을 알게 될 것이다. 이때부터 일관성에 집중해야 한다.

일관성은 매우 중요하다. 팀이 계속해서 똑같은 문제를 해결하는 데 시간을 허비할 수 있기 때문이다. 이는 조직 입장에서 보면 비효율적이고 비용을 낭비하는 일이다. 각기 다른 팀의 다양한 구성원이 저마다의 방식으로 똑같은 것을 디자인하고 만들고 있으니 말이다.

그리고 시간과 에너지를 들여 제품을 이해하고 새로운 사용 방식을 배워야 하는 고객에게도 부담이 된다.

전략에 부합하고 사용자에게 효과적인 아이디어를 파악하고 이를 복제하면 조직에서는 소수가 이미 디자인 요소에 반영한 아이디어와 의도를 활용할 수 있게 된다. 이 과정으로 모두가 효율적으로 일할 수 있으며 제품의 일관성도 높아진다.

디자인 세계에서 일관성 유지는 필연적으로 보인다. 거의 모든 디자인 의사 결정의 근거로 활용되고, 리더들은 일관성을 추구하는 경우가 많다. 그러나 일관성 추구 시에도 주의해야 할 점이 있다. 전략 없이는 효율성과 일관성을 추구하려는 노력이 잘못된 일을 더 빨리, 자주 하게 만들 수 있다.

재사용할 수 있는 패턴

UX 라이팅과 관련해서는 특히 패턴을 파악하려고 노력한다. 여기서 패턴이란 모든 사람이 적용하거나 사용할 수 있는 문제 해결 방법이다. 훌륭한 패턴이란 정확한 표현을 제공하는 것이 아니다. 사실 표현 그 자체에 전혀 구애받지 않고 더 큰 디자인 문제를 해결할 방안을 찾는 것이 더 나을 때가 있다.

최근에 내가 일했던 팀에서 이런 사례가 있었다. 이 팀은 사용자가 어려워하는 질문에 답하는 가상 비서 소프트웨어를 디자인하고 있었다. 테스트와 연구 단계에서 사용자가 시스템이 정답을 제시할 것이라고 언제나 믿는 것은 아니라는 점을 알게 되었다. 실제로 이 시스템은 새로 출시되어 기능이 제한적이었다. 따라서 많은 경우 사용자에게 잘못된 답을 제시했다. 그러나 이 팀이 그 내용을 시스템에 표시할 방법이 없었다. 그림 8.6은 사용자에게 찾는 내용의 요약을 바로 보여주면서 답변이 찾고 있는 주제가 아닐 시 검색 기능까지 제공하는 패턴을 개발한 예시이다.

사용자의 의도와 일치하는지 판단하도록 "시작할 준비가 되셨나요?"라는 질문을 사용하라고 하면서 현재의 패턴을 문서화할 수도 있었을 것이다. 또한 사용자가 해당 대화를 진행할 의도에 해당하는 버튼에는 "준비됐어요.", 그런 의도가 없음을 나타내는 버튼에는 "필요하지 않아요."라고 쓰라고 했을 것이다.

그렇게 했다면 이 패턴의 수명은 오래 가지 못했을 것이다. 모든 상호작용이 이 사례처럼 길고 사용자가 참여하지는 않기 때문이다. 따라서 사용자가 짧은 답변을 받게 되는 상황에는 적합하지 않았을 것이다. 그런 상황이라면 봇이 사용자가 물어본 것이 무엇이라고 생각했는지를 명확히 표현하고 대화를 종료하는 옵션으로 건너뛰도록 디자인했을 것이다.

이런 답변 옵션은 단계별 대화 형식에는 적합하지만, 봇이 자료를 제공하거나 다양한 선택지를 보여 주는 경우에는 그렇지 않다. 게다가 처음부터 경로가 많이 나뉘는 상황에 이런 버튼은 적합하지 않다. 그럴 때는 다른 인터페이스 요소를 사용하던가 자연 언어를 활용하여 사용자가 다음 단계로 나아가도록 해야 한다.

결과적으로 우리는 특정 단어에 집중하지 않고도 전체 디자인 문제를 문서화했다(그림 8.6). 특정한 표현이나 인터페이스 요소보다는 디자인에 투입된 사고와 연구가 훨씬 중요했다. 그리고 이 패턴은 초점을 바꾸었을 때도 매우 유용하게 활용할 수 있었다.

의도 파악

자연 언어로 대화를 시작하는 경우, 시스템이 사용자의 의도를 정확하게 이해할 것이라고 가정하지 않는 것이 중요하다. 사용자에게 시스템 통제권을 주고 상태를 눈으로 볼 수 있게 하려면 대화 흐름의 초반에 의도 파악 방식을 포함한다. 표현은 다양할 수 있으나, 핵심 요소는 다음과 같다.

(1) 시스템이 파악한 의도 요약

(2) 사용자가 다른 단어를 쓰거나 다른 말로 바꿔 의도를 표현하는 방법

(3) 시스템이 잘못 이해하고 사용자가 다시 시도하지 않기를 원할 때 종료하는 경로

(4) 사용자의 의도를 확신할 시 두 번째 시작 지점(예: 다른 흐름에서 시작)

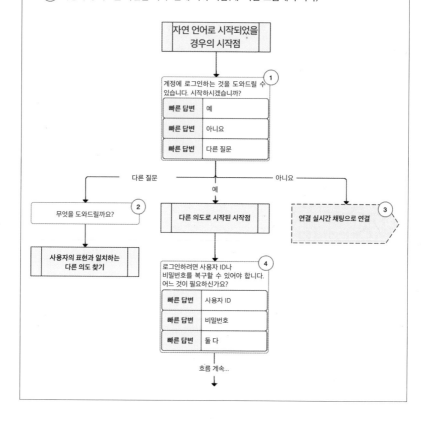

그림 8.6
시스템의 답변 일치 신뢰도가 낮을 때 대화형 인터페이스에서 사용되는 의도 인식 패턴을 문서화했다.

스타일 가이드

스타일 가이드를 사용하는 것도 일관성을 유지하는 방법이다.

인쇄 업계에서는 오랜 기간 일관성과 품질을 유지하는 방편으로 스타일 가이드를 사용했으므로, 이를 UX 라이팅에 적용하는 것은 합리적이다. 특정 상황에서 어느 단어를 써야 할지 모두가 동의하면 이를 스타일 가이드에 포함하고, 관심을 기울여야 할 것에 시간을 더 투자하게 된다.

미국 신문 업계는《AP 통신 스타일북》을, 출판사는 대체로《시카고 스타일 매뉴얼》을 따르며, 학계에서는 MLA를 준수한다. 이 가이드 간의 차이점은 엄청난 논쟁을 일으키는데, 이는 사람들이 이런 가이드에 관심이 있고 유용하다고 생각한다는 것을 보여준다.

UX 라이팅 팀에서 스타일 가이드를 사용하고 있지 않다면, 이미 시중에 나와 있는 것 중에 하나를 골라 적용해 본다. 디지털 UX 라이팅 작업의 경우《야후! 스타일 가이드Yahoo! Style Guide》를 찾아보는 것이 좋다. 인쇄 업계에 그 뿌리를 둔 스타일 가이드와는 달리, 야후의 스타일 가이드는 인터페이스 UX 라이팅을 하는 사람을 대상으로 링크 텍스트, 에러 메시지 등을 작성하는 지침을 제공한다.

어떤 기업은 고유한 스타일 가이드를 작성하기도 한다. 이때 시간을 굉장히 많이 투여해야 할 수 있음을 알아야 한다. 스타일 가이드 작성 업무를 맡게 될 때는 주의를 기울여야 한다. 전략적인 업무에 더 많은 시간을 할애할 수 있기 때문이다.

가이드를 정해서 그것을 지키는 것이 가장 중요하다. 스타일 가이드를 사용하여 UX 라이팅 방법(대문자 사용, 구두법, 단어 선택 등)에 관한 일반적인 질문에 답할 수도 있다.

그러나 인터페이스 UX 라이팅과 관련해서는 기존의 스타일 가이드가 이끌어 줄 수 있는 부분은 여기까지이다. UX 라이팅을 디자인에 활용하면, 단순한 결정 하나에도 복잡한 내용이 숨겨져 있게 된다. 순수한 UX 라이팅에서 벗어나 인터페이스 구성 요소에 어떤 문구가 적용될 수 있는지 모험해야 할 필요가 있다.

디자인 시스템

팀이 기본 스타일에 동의하고 전략을 명확하게 이해했으며 사용자에 적용할 수 있는 패턴을 파악했다면, 시간을 충분히 들여 일관성과 효율성에 초점을 맞출 수 있을 것이다.

최근의 아주 긍정적인 트렌드 중 하나는 디자인 시스템이라는 곳에 제품팀이 필요할 수 있는 모든 리소스를 한꺼번에 모아두는 것이다.

가장 좋은 디자인 시스템은 디자인에 참여하거나 여기에 접근해야 할 모든 사람의 요구를 충족하는 것이다. 이런 디자인 시스템은 팀의 경험을 비전으로 구체화하며, 디자이너, 엔지니어, 제품 매니저, 임원 등 필요한 사람이 자기 일을 완수할 수 있는 리소스를 제공한다.

디자인 시스템에 포함될 수 있는 것은 다음과 같다.

1. 제품이나 조직의 전략적 비전. 여기에는 이를 어떻게 적용할지에 관한 실용적인 팁도 포함된다. 디자인 원칙, 보이스와 톤 가이드라인이 이 범주에 속한다.
2. 글과 시각화를 위한 스타일 가이드. 색상, 타이포그래피, 약어, 대문자 사용 기준 등이 포함된다.
3. 재사용할 수 있는 자산과 코드로 구성된 디자인 패턴. 디자인 소프트웨어에 불러올 수 있는 파일과 라이브러리부터 엔지니어가 최종 제품 개발에 활용할 수 있는 코드까지 모든 것이 포함된다.

디자인 시스템이 매우 효과적인 이유는 현대 인터페이스가 작은 구성요소로 만들어져 있기 때문이다. 이를 종합하면 소프트웨어 인터페이스가 된다. 이 시스템을 만드는 사람은 이를 레고 블록으로 생각하기도 한다. 조각이 충분히 있으면 원하는 것은 무엇이든 만들 수 있는 것처럼 말이다.

UX 라이터라면 문구가 이런 구성 요소에 어떻게 부합하는지 생각해야 한다. 디자인 구성 요소에 속하는 시각화, 상호작용, 코드가 자신의 UX 라이팅과 관련이 없다고 생각한다면, 글이야말로 그런 요소에 의미를 부여하고 제대로 기능할 수 있도록 만드는 것임을 명심하자.

이는 레고 블록이 아니라 밋밋한 블록을 쌓는 것과 비슷하다. UX 라이팅을 할 수는 있지만, 선택지가 제한되어 있고, 하나라도 잘못되면 전체가 무너질 수도 있다.

UX 라이팅은 디자인 시스템의 요소에 의미와 실용성을 부여한다. 자신이 속한 조직에서 UX 라이팅을 고려하지 않고 재사용할 수 있는 디자인 패턴을 만든다면 효율성을 목적으로 명확성과 사용성을 희생하게 된다.

패턴을 넘어 팀에게 일관성 있고 전략적인 디자인 의사 결정을 하는 데 필요한 맥락을 제공하는 것이야말로 최고의 디자인 시스템이다. 여기에는 문서(글), 맥락 설명(마찬가지로 글), 버전 내역(여기에도 글이 활용됨) 등이 포함될 수 있다.

알라 콜마토바Alla Kholmatova는 저서 《디자인 시스템Design Systems》4에서 기능적 패턴의 개념을 설명한다. 이 패턴은 인터페이스의 작동 방식(양식 필드, 드롭다운 메뉴, 카드 등)을 정한다.

콜마토바는 각 패턴의 목적에 집중하는 법을 이야기한다. 이 방법으로 각 부서의 담당자가 의미 있는 방식으로 기여하도록 만들 수 있다. 이는 결과적으로 사용자 경험의 성공으로 이어진다.

> **"목적은 패턴 구조, 내용, 표현 방식 등 그 뒤에 따라올 모든 내용을 결정합니다. 패턴의 목적이 무엇인지(어느 동작을 유도/권장하도록 디자인할지) 알면 더 강력한 모듈을 디자인하고 구축할 수 있어요. 또한 의도했던 것과는 전혀 다른 모듈이 탄생하기 전에 패턴을 얼마나 많이 수정해야 할지 파악할 수 있습니다."**

콜마토바의 이야기는 이런 시스템이 단순한 구성 요소의 집합 이상이라는 점을 인식하게 한다. 목적이 있어야 하고, 이 목적은 전략에 근거해야 한다.

롤 모델

쇼피파이는 폴라리스라는 디자인 시스템과 UX 라이팅을 훌륭하게 결합했다. 쇼피파이는 플랫폼 판매자부터 쇼핑객, 연계 개발자 등 수많은 사용자를 보유한 전자상거래 서비스이다. 쇼피파이는 폴라리스를 활용하여 디자인에 관여하는 모든 사람을 한곳에 모은다. 그리고 폴라리스는 이를 누구나 볼 수 있도록 문서화했다.

콘텐츠 전략가 셀레네 힝클리Selene Hinkley는 초기에 폴라리스 탄생에 큰 역할을 했다. 폴라리스 웹사이트를 보면(그림 8.7) 쇼피파이가 디자인 도구로써 UX 라이팅의 역할을 제대로 알고 있음이 나타난다.

주요 메뉴는 다음 네 가지이다.

▶ 콘텐츠
▶ 디자인
▶ 구성 요소
▶ 패턴 및 가이드

팀은 콘텐츠를 가장 먼저 화면 중간에 배치하는 의도적인 결정을 내렸다. 쇼피파이에서는 UX 라이팅을 포함하는 디자인 사고방식을 구축하려 했기 때문이다. 힝클리는 "인간의 행동을 형성하는 데 강력한 영향을 줄 수 있는 도구가 정보 아키텍처라고 생각합니다. 정보를 정리하는 방식이 작동하는 방식에도 영향을 미치거든요."라고 말했다.

쇼피파이 팀은 디자인 시스템이 UX 라이터, 디자이너, 개발자에게 유용하도록 만들고자 사용성 테스트를 진행했다. 처음에는 디자인과 콘텐츠 정보를 구성 요소 페이지 위에 넣었지만, 여기서 코드를 검색하는 개발자는 이 점이 불만이라는 사실을 알게 되었다.

그래서 부서 간 가이드라인은 유지하되 정보 구조를 바꿨다. "두 번째 버전에서는 구성 요소 페이지에 그림이 먼저 표시되고 코드를 위에, 그리고

그림 8.7
쇼피파이의 폴라리스 디자인 시스템

콘텐츠와 UX 내용을 아래에 배치했어요."라고 힝클리는 설명했다.

　이 방식이 사용자의 요구에 더 부합하는 방향이었다. 힝클리는 "빨리 개발해서 넘겨야 할 때 필요한 것이 있으리라는 사고방식에도 여전히 부합합니다. 조금 더 여유가 있다면 아래로 스크롤 해서 내용을 읽으면 되고요."라고 말했다.

　이런 디자인 시스템을 개발하는 팀은 어떻게 시스템 디자인과 구조에 관한 저마다의 아이디어가 있을 것이다. 그렇지만 쇼피파이 팀은 시스템이 성공하려면 사용자의 요구를 충족해야 한다는 것을 알고 있었다.

　코드와 구성 요소 외에도 쇼피파이의 디자인 시스템에는 전략적인 방향을 알려주는 내용이 있다. 대표적인 사례가 기능과 제품의 명명 지침이다. 이 지침은 브랜드에 붙일 이름을 만들 때 도움이 된다. 연구와 마케팅 정보를 제공하고, 쇼피파이 전체 제품에 걸쳐 일관성을 유지하도록 한다.

　폴라리스는 인상적인 사례이지만, 힝클리는 이런 시스템을 만들면서 조언을 구하는 사람에게 가치에 집중하라고 이야기한다. 그녀는 "이게 왜 좋은 아이디어인지 모두를 설득하는 데 처음부터 너무 많은 에너지를 쓰지는 마세요. 힘만 들고, 크게 성공하지도 못해요."라고 말했다,

대신 최대한의 가치를 제공할 수 있는 곳이 어디인지에 초점을 맞추라고 조언한다. "가장 일관성이 없는 부분을 찾아서 이것을 먼저 추가하세요."

무엇이 가장 중요한지에 집중하면 팀에서 필요로 하는 것을 개발할 수 있고, 이것이 사용자를 위한 유용하고 일관적인 경험의 개발로 이어질 것이다.

시작은 작은 것에서부터

어떤 대기업에는 쇼피파이처럼 대규모의 전용 '디자인 시스템' 웹사이트가 있다. 그러나 자신의 회사에서 이제 막 디자인 시스템을 구축하는 경우라면 처음부터 크게 시작할 필요가 없다. 사실 팀에서도 그렇게 큰 것을 필요로 하지 않을 수 있다. 공유 문서도 충분히 역할을 할 수 있다. 중요한 것은 팀이 필요한 것을 갖추었고, 계속해서 참조하고 사용하기 쉬워야 한다는 점이다.

디자인 시스템을 구축할 때 가장 주의해야 할 점은 다음 두 가지이다.

1. 모든 내용을 기록해야 한다는 압박감
2. 자신만큼 이 일에 신경을 쓰는 사람이 아무도 없다는 느낌

모든 문제를 해결하고 모든 활용 사례를 생각해내고 싶을 수 있다. 이런 유혹을 이겨내야 한다.

사람들이 어려움을 겪는 부분이 무엇인지 경청한다. 반복적으로 나타나는 공통적인 문제가 있는가? 함께 일하는 팀이 논의하는 데 시간을 많이 할애하는 부분은 무엇인가? 바로 여기서부터 시작해야 한다.

시스템이 살아남으려면 이 시스템의 사용자를 위해 하나, 혹은 여러 가지 문제를 해결해야 한다. 그리고 사용자가 시스템을 유용하다고 생각할 수

있어야 한다. 그렇지 않으면 시스템을 다시는 사용하고 싶지 않을 것이다.

에이미 치크Amy Chick는 대형 통신사의 디자인 시스템 구축 시 콘텐츠 전략 노력을 주도하던 초기에 이를 깨달았다. 그녀는 다양한 업계에서 전략가와 디자이너로 많은 경험을 쌓았다.

치크는 "디자인 시스템도 제품입니다. 특정한 상황에 놓인 특정 사용자에게 도구를 제공하는 거예요. 비즈니스 프로세스 기록 방법이 제품인 것은 아니듯, 구성 요소를 기록한다고 디자인 시스템이 되는 것은 아닙니다. 그 내용을 사용할 사람의 이야기를 들어야 해요."라고 설명했다.

치크가 가장 우선했던 것은 시스템의 주 사용자(디자이너, UX 라이터, 엔지니어, 제품 매니저)를 위한 공통된 언어를 구축하는 것이었다.

그래서 각 그룹의 팀원과 함께 워크숍을 진행했다. 벽에 인터페이스 구성 요소(툴팁, 대화 상자, 기타 인터페이스의 공통 요소 등)를 벽에 붙여놓고 하나씩 살펴보는 것에서부터 시작했다. 각 구성 요소가 어떻게 사용되는지, 어느 구성 요소가 다른 요소에 영향을 미치는지, 각자에게 중요한 요소는 무엇인지 토론했다. 다음으로 모두가 동의한 언어 풀을 만들고 이를 명명 규칙의 기반으로 활용했다. 또한 이 구성 요소를 그룹화하여 모색 과정에서 제안된 여러 가지 플랫폼별 변형을 설명했다.

치크는 "워크숍이 끝나고 나서 모두가 활용할 수 있는 시스템을 만들기 위해 명명 규칙과 그룹화 규칙을 개선했습니다. 그러면서 모두가 둘러앉아 한 명씩 이야기하는 일 없이도 제품 개발 세부 사항을 함께 만들 수 있었죠."라고 말했다.

얼마 되지 않아 팀은 이것이 매우 유용하다는 점을 알게 되었다. 제품 관련 사항이 명확해졌을 뿐만 아니라 엔지니어와 디자이너가 복잡성과 영향력의 정도를 예측하고 더욱 효과적으로 우선순위를 정할 수 있었다. 또한 모두에게 특정 구성 요소의 복잡성에 관한 통찰을 제공했다. 예를 들면 담당 콘텐츠 전략가는 구성 요소에 적합한 언어적 고려 사항이나 각 요소가 전체적인 제품 콘텐츠 전략에 어떻게 부합하는지 등을 더 잘 전달할 수 있다. 또한 디자인 시스템 내 콘텐츠의 중요성에 관한 인식을 높일 수 있었다.

인식을 공유하는 일을 우선한 덕분에 치크는 빠르게 움직이며 중요한 인물을 참여시킬 수 있었다. 그녀는 "매우 작은 규모로 시작하니 시스템이 위협적이거나 위험하다고 느끼지 않을 수 있었습니다."라고 말했다.

자신에게 맞는 방법을 찾아서

UX 라이팅은 협업에 좌우된다. 여기에는 자기 일을 변호하면서도 다른 사람을 친절하게 대하는 것이 포함된다. 그러나 다른 사람에게 상냥한 것도 중요하지만, 더 중요한 것은 자신에게 상냥해지는 일이다.

UX 라이터로서 자신의 스킬은 다른 사람이 규정하는 것이 아니다. UX 라이팅 업무를 제대로 이해하지 못하거나 이 일에 부정적인 의견을 가진 사람은 항상 있기 마련이다.

그렇다고 UX 라이팅이 사용자 경험에 필수 불가결하다는 사실이 바뀌지는 않는다. 글은 사용자가 인터페이스를 이해하는 데 핵심적인 역할을 한다. UX 라이터의 일은 제품의 사용성과 유용성에 영향을 미친다.

자기 스킬과 자신이 하는 일에 믿음을 가져야 한다. 일상에서 소프트웨어를 탐색하고 사용하는 데 UX 라이팅에 의존하는 사람이 있기 때문이다. 역할을 설계하면 더 나은 사용자 경험을 만들 수 있다.

마치며

지금까지 자신에게 적합한 방법을 찾아야 한다고 끊임없이 강조했다. 자기 팀과 회사 경영진, 혹은 기술 콘퍼런스 참여자에게 UX 라이팅이 디자인이라는 점을 가장 잘 전달할 수 있는 사람은 UX 라이팅을 하는 자신이기 때문이다.

그렇지만 이 책을 어떤 고정된 규칙으로 여기지 않기를 바란다. 대신 적용할 수 있는 아이디어 모음집이라고 생각하기를 바란다. 자신이 만드는 제품의 사용자에 집중하는 것이 가장 중요하다.

지금까지 보았겠지만, 이 책에서 설명한 개념은 우리 머릿속에서만 나온 것이 아니다. 다양한 사람들의 이야기를 살펴보았다. 이 사람들의 직함, 각자 처한 상황, 이야기는 정말 다양했다. 마찬가지로 여러분도 자신만의 이야기가 있을 것이다.

자신이 만드는 것을 경험할 사람, 즉 사용자에 초점을 맞추는 일이야말로 UX 라이팅을 차별화하는 요소이다. 사용자와 제품의 상호작용 순간을 팀과 함께 만드는 것이다. 이 순간은 좋거나 나쁠 수도, 명확하거나 기만적일 수도, 유용하거나 조작된 것일 수도 있다.

선택은 자신이 하는 것이다. 이 책은 사용자를 우선하는 데 도움이 될 도구와 방법을 담고 있다. 이제 공은 자신에게 넘어왔다.

우리는 할 수 있다.

감사의 말

마이클의 감사 인사

내 가장 친한 친구이자 아내 카리나, 너그러운 마음으로 이 책을 쓰도록 힘을 실어주어 고마워요. 당신의 희생과 사랑 덕분에 이 책이 나올 수 있었어요.

우리 엘레나와 일라이어스, 늘 읽던 《해리 포터》나 《캡틴 언더팬츠》처럼 재밌지는 않을 거라고 해도 아빠 책이 기대된다고 해줘서 고마워.

세상에서 가장 존경하는 아버지 윌리스 C. 메츠 주니어 박사님, 언제나 창의성을 추구하도록 격려해 주신 어머니 케이티, UX 라이팅과 웹사이트 쪽에 길이 있음을 처음으로 알려준 내 형제 크리스티안에게 감사를 전합니다.

스콧 쿠비, UX 라이팅에 관한 나의 사고방식 형성에 영향을 주었고 언제나 변치않는 친구로 곁에 있어주어 고맙습니다.

직장 상사인 수잔 톰, 리더십과 협업에 관해 너무나 많은 가르침을 받았습니다.

내가 디자인으로서의 글쓰기를 연습하는 데 도움을 준 전현직 동료들 클레어 라스문센Claire Rasmussen, 헤더 포드-헬게슨Heather Ford-Helgeson, 버니 무어Brienne Moore, 조니 타보아다Johnny Taboada, 앤드류 풀리Andrew Pulley, 제시카 장Jessica Zhang, 안드레아 애니벌Andrea Anibal, 줄리 이네스Julie Innes, 피터 섀클포드Peter Shackelford, 그리고 제프 핀리Jeff Finley, 모두 고맙습니다.

그리고 너무나 멋진 공저자이자 동료인 앤디 웰플, 자신의 관점을 가다듬는 데 도움을 주었을 뿐만 아니라 좋은 연필을 알아보는 방법을 알려주었습니다.

앤디의 감사 인사

언제나 나를 지지해 주는 파트너 케이티 프루이트 Katie Pruitt, 몇 개월이나 이 책 쓰기를 미루고 슬며시 다른 일을 하던 나를 지켜보느라 고생 많았어요. 그리고 우리 고양이 세바스찬과 루퍼트, 내가 좌절하거나 막혔을 때 거기서 벗어날 수 있게 도와줘서 고마워.

우리 부모님 리사, 릭 웰플, 우리 동생 켈리 웨이드, 로지 프레이어, 니나 웰플, 그리고 몰리 웰플, 늘 격려하고 사랑해 주어 고맙습니다.

조니 갬버 박사님, 팀 와셈, 월 팬기, 해리 마크스, 크리에이티브 파트너로서 갑자기 '연구' 질문을 던져도 답을 해주셔서 감사합니다.

직장 상사인 숀 체리스, 내가 스스로의 방식을 구축하면서 성장할 수 있게 믿어주어 감사합니다. 그리고 어도비의 팀원들인 마리사 윌리엄스, 사라 스마트, 카리사 유리, 브랜던 부솔리니, 제스 사텔, 베스 앤 키네어드, 대버스 로잘레스, 테사 그레고리, 제게 매일 영감을 불어넣어 주어 고맙습니다.

그리고 이전에 함께 일했던 UX 및 콘텐츠 전략 매니저, 멘토, 동료 여러분! 네이트 루세르, 레이첼 가눙, 에린 사임, 토니 헤드릭, 조나단 콜만, 캐시 마토지크, 에밀리 쉴즈에게도 감사를 전합니다. 이외에도 수많은 분들이 보여준 그간의 인내, 도움, 멘토십에 고맙다는 말을 전합니다. 이분들이 아니었으면 지금 이 자리까지 오지 못했을 겁니다.

그리고 마이클 메츠, 이 여정에서 파트너로서 자극을 주고 함께 할 수 있어 감사했습니다. 정말로 마이클이 없었다면 이 작업을 끝낼 수 없었을 거예요.

두 사람의 감사 인사

출판사인 루 로젠필드를 소개해 준 크리스티나 할버슨에게 감사를 전합니다. 그리고 로젠필드 미디어Rosenfeld Media의 루와 마르타에게도 우리를 믿고 우리의 비전을 글로 옮기며 확대할 수 있도록 해 준 것에 감사합니다.

시간을 내어 자신이 아는 내용을 공유해 준 데본 퍼싱, 존 컬드웰, 사라 스마트, 마이클 해거티·빌라에게도 고맙습니다. 이들의 인터뷰가 책에 실리지는 못했지만, 이야기해 준 관점은 정말 도움이 많이 되었습니다.

존 사이토, 맷 메이, 아다 파워스, 아나 피카드, 알리시아 도허티·월드, 자스민 프롭스트, 힐러리 아카리치, 나탈리 이, 호르헤 아랑고는 시간을 내어 너그럽게 자신의 통찰을 공유하며 우리 둘만의 보이스였다면 부족했을 이 책을 더 풍부하게 해 주었습니다.

매튜 가이, 린지 필립스, 캐서린 치모이 베가, 니키 토레스, 그레타 판 데르 메르바에게 책을 쓰는 과정에서 자신의 관점과 커리어 이야기를 들려준 데 감사를 전합니다.

안드레아 드루게이, 첼시 라슨, 카트린 스트라우스, 조나단 콜만, 레이첼 매코넬, 라이언 파렐, 스콧 쿠비, 수잔 톰, 소피 타란은 기술 감수를 통해 자신의 통찰, 피드백, 표현법을 공유해 주었습니다. 이들의 비평 덕분에 책이 한 단계 더 나아질 수 있었습니다.

크리스티나 할버슨, 메건 케이시, 조나단 콜먼, 사라 와터 보에처, 에리카 홀, 니콜 펜튼, 케이트 키퍼 리, 에린 사임, 사라 리처드, 에린 키세인, 카렌 맥그레인, 스티브 포티걸, 자레드 스풀, 티파니 존스 브라운, 이외에도 많은 UX 및 콘텐츠 전략 대가에게 감사를 전합니다. 이들의 업적은 이 분야에서 우리가 길을 찾는 데 많은 도움이 되었습니다.

참고 문헌

1장

1. Sarah Richards, "Accessibility Is Usability," 2019년 5월 미국 미네소타주 미니애폴리스 Confab에서 촬영한 동영상, https://www.confabevents.com/videos/accessibility-is-usability

2. Nicole Fenton, "Words as Material," 2015년 3월 12일, https://www.nicolefenton.com/words-as-material

3. Mig Reyes, "Reminder: Design Is Still About Words," Signal v. Noise, 2013년 1월 17일, https://signalvnoise.com/posts/3404-reminder-design-is-still-about-words

2장

1. Kristina Halvorson, "What Is Strategy (and Why Should You Care)?" Brain Traffic(블로그), 2017년 9월 21일, https://www.braintraffic.com/blog/what-is-strategy-and-why-should-you-care

2. "Readability Guidelines," Content Design London, 마지막 수정일 2019년 8월 6일,

https://readabilityguidelines.myxwiki.org/

3. Jared M. Spool, "Fast Path to a Great UX—Increased Exposure Hours," UIE, 2011년 3월 30일, https://articles.uie.com/user_exposure_hours/

4. Steve Portigal, Interviewing Users: How to Uncover Compelling Insights (New York: Rosenfeld Media, 2013).

5. Pete Gale, "A Simple Technique for Evaluating Content," User Research in Government (블로그), 2014년 9월 2일,

https://userresearch.blog.gov.uk/2014/09/02/a-simple-technique-for-evaluating-content/

3장

1. Sarah Richards, Content Design (London: Content Design London, 2017)

2. Lou Rosenfeld, Search Analytics for Your Site: Conversations with Your Customers(New York: Rosenfeld Media, 2011).

4장

1. Kathy Sierra, Badass: Making Users Awesome (Sebastopol: O'Reilly Media, 2015), p. 27.

5장

1. "Deafness and Hearing Loss," World Health Organization, 2019년 3월 20일 게시, https://www.who.int/news-room/fact-sheets/detail/deafness-and-hearing-loss

2. "Stats About Paralysis," Christopher and Dana Reeve Foundation, 2019년 6월, https://www.christopherreeve.org/living-with-paralysis/stats-about-paralysis

3. "Adult LGBT Population in the United States," UCLA School of Law Williams Institute, 2019년 3월, https://williamsinstitute.law.ucla.edu

4. "Inclusive Design," Microsoft Design, 2019년 6월, https://www.microsoft.com/design/inclusive/

5. Sabrina Fonseca, "Designing Forms for Gender Diversity and Inclusion," UX Collective, 2017년 4월 24일, https://uxdesign.cc/designing-forms-for-gender-diversity-and-inclusion-d8194cf1f51

6. "They, pron., adj., adv., and n.," The Oxford English Dictionary, 2013년 9월, https://www.oed.com/view/Entry/200700

7. Karen Yin, "Conscious Style Guide," 2019년 6월, https://consciousstyleguide.com

8. "WCAG 2.1 at a Glance," W3C Web Accessibility Initiative, 최신 개정 2018년 6월 5일, https://www.w3.org/WAI/standards-guidelines/wcag/glance/

9. Jon Porter, "Japanese PS4s Can Now Use the X Button to Select, but Why Couldn't They Do That Already?" The Verge, 2019년 3월 9일, https://www.theverge.com/2019/3/9/18255901/ps4-x-o-cross-circle-remap-firmware-6-50-dualshock-4

6장

1. "Voice and Tone," Mailchimp Content Style Guide, 2019년 9월, https://styleguide.

mailchimp.com/voice-and-tone/

7장

1. Melanie D. Polkosky, "Toward a Social-Cognitive Psychology of Speech Technology: Affective Responses to Speech-Based E-Service " (PhD diss., University of South Florida, 2005)

2. "Voice and Tone," Shopify Polaris, 2019년 10월, https://polaris.shopify.com/content/voice-and-tone#navigation

3. "Voice and Tone," 18F Content Guide, 2019년 10월, https://content-guide.18f.gov/voice-and-tone/#choosing-a-tone

8장

1. Scott Kubie, Writing for Designers (USA: A Book Apart, 2018), introduction, Kindle, https://abookapart.com/products/writing-for-designers

2. Jared M. Spool, "Design Is the Rendering of Intent," UIE, 2013년 12월 30일, https://articles.uie.com/design_rendering_intent/

3. "What Is the Framework for Innovation? Design Council's Evolved Double Diamond," Design Council UK, 2019년 10월, https://www.designcouncil.org.uk/news-opinion/what-framework-innovation-design-councils-evolved-double-diamond

4. Alla Kholmatova, Design Systems (UK: Smashing Magazine, 2017)

MEMO

UX 라이터의 글쓰기 수업
고객 경험을 위한 마이크로카피 라이팅

초판 발행   2023년 2월 17일
펴낸곳   유엑스리뷰
발행인   현호영
지은이   마이클 J. 메츠, 앤디 웰플
옮긴이   심태은
편 집   현다연
디자인   오미인
주 소   서울시 마포구 백범로 35 서강대학교 곤자가홀 1층
팩 스   070.8224.4322
이메일   uxreviewkorea@gmail.com

ISBN 979-11-92143-84-2

* 본 도서 내용의 전부 또는 일부를 강의, 저술, 기타 상업적 목적으로
  이용하려는 경우에는 반드시 출판사의 서면 허가가 필요합니다.
* 유엑스리뷰에 투고를 희망하실 경우 아래 메일을 이용해 주십시오.
  유엑스리뷰 출판그룹은 비즈니스, IT, 디자인, 인문사회 등
  다방면의 도서를 출간하고 있습니다.
  uxreviewkorea@gmail.com